邪靈詛咒

star227 直樹殿——著
爛貨習作——圖

台灣怪談師講日本恐怖實話

台日靈異交匯、鬼魅共襄盛舉
——令人毛骨悚然的撞鬼怪談！

目錄

序

※出於各種現實上的考量，本書所使用的人名皆為假名。另外，各故事中除本人親身經歷外，會盡量遵循取材資料並還原當時體驗者的心境與其記憶中的細節。

我在赴日就業時，雖說不上頻繁，但曾與日本怪談師保持連繫。不巧後來更是礙於疫情的緣故，硬生生裁斷互通有無怪談的途徑。後來人們在家裡使用網路的時間變多，才終於讓筆者逮到機會，增加情報交流。

在二〇二二年十月疫情過後，有幾位怪談師來台灣觀光，藉此正式展開台日怪談交流。

當時我帶著他們，簡單導覽台北市的幾個觀光地，逛了一下夜市，感受正宗的台式氛圍後，便領著對方到自己常去的酒吧。

坐定後大家開始討論起了台灣和日本的怪談風氣的差別。

當中提到，每個國家的電視節目或者影音平台在玩味怪談或鬼故事的內容時，或多或少都有其目的性，例如礙於宗教或地域而試圖勸人向善、有意無意為某些地區設立禁地，或是給某些性別綁上道德枷鎖。

日本在一九七二年開始發展起的第一波靈異風潮主要還是針對較知名的話題，諸如：美國的《大法師》、尼斯湖水怪或世界各國的靈異照片等等；與此同時，亦會藉由探討裂嘴女、碟仙（日本稱作「狐狗狸」（コックリさん）），或（假想）富士山若爆發後造成日本沉沒，來探討一些社會議題。

可在一九九〇年代第二波靈異風潮興起時，日本的電視節目漸漸走向純粹的「恐怖」。尤以一九九五年起的《學校怪談》系列最為知名，讓北海道到沖繩中所有小學到大學，沒來由地演化出各種校園七大不可思議；來到一九九八年時更有部《七夜怪談》，讓全日本國民到了晚上都得在電視機蓋上一層白布才有辦法入睡。

這都得歸功於日本怪談的分類，自一九九〇年代後結構開始嚴謹化，並分成「都市傳說」和「實話怪談」這兩大類，這裡就向各位淺要解釋一二。

都市傳說有很多原型架構，最初絕大部分都是從村落或集落為中心點催生出的民話。爾後村落解體，人口外流造成的情報斷層，更是架構出都市傳說的要素之一。

這些村落出身的人在都會定居後，後期二代、三代的村民根據前幾代的傳承，以訛傳訛成另一套新的都市傳說。

實話怪談以最直觀的白話文解釋，就是「實際存在的怪談故事」。其中又再細分成「文藝怪談」和「靈異實錄」兩種。

前者基本就是所謂的創作，後者則是以眞實體驗，最多僅有用詞修飾的紀錄。

像是以前的「怪談新耳袋」爲何會這麼有名，就是因爲使用的文字都是不經修飾、恍如作家正坐在各位面前闡述體驗情景。同時，因爲眞實體驗蒐集起來並不容易，所以在新耳袋發行到第四夜（第四卷）時被線下與網路的讀者批判太像創作，不得以才又經過一番艱辛的取材，好不容易將文風再度轉回靈異實錄。

這時可能有些對日本怪談略知一二的讀者會問道：

「那『八尺大人』、『取子箱』這種算是什麼範疇？」

若以上述的分類來看，毫無疑問地會被歸類在都市傳說。

不過，一九九〇年日本最大網路即時留言板 2channel 的創立，讓超自然、不可思議的故事漸漸地從電視節目間接轉移到網路平台並大放異彩，遂有了所謂的「網路怪談」的新型分類。

現在網路上鼎鼎有名的幾篇從日文翻譯過來的故事也算在其中，且因類型特殊被歸納在別稱「洒落怖」（しゃれにならないこわいはなし）裡，意即「眞遇到了會吃不完兜著走的恐怖故事」。

這類型故事特徵大致爲：

一、多半發生在鄉下，都會區較少。

二、觸犯禁忌就會被纏上，甚至導致死亡。

三、會有靈媒師登場驅魔。

故事的眞實性在網路日漸發展之下，經過一些影音平台創作者和怪談師經年累月多方探訪，發現除了「裏S區」和未被翻譯成中文的「集會所」（いもんた）是被確認實際存在之外，其他皆已被證實是創作故事。

但無論眞實與否，怪談題材依然貫徹著「單純的恐怖」，直至二〇二三年的今日，儼然已是日本人在夏天不可磨滅的風物詩。

鑒於台灣目前對於「恐怖故事」的概念，依然大多數都被人們綁定在「宗教」或「鬼神」二字。於此，筆者希望能透過自己與日本怪談師交流而蒐集到的故事，讓讀者理解對於日本人來說，「怪談」到底是什麼。

第一單元

事故物件

「左邊的牆壁，也就是最後一間房子裡傳出很規律
『碰、碰、碰……』敲牆壁的聲音。」

事故物件

事故物件（じこぶっけん），又稱有隱情的房子（訳あり物件／わけありぶっけん），用較為淺顯易懂的中文來說，就是凶宅。

雖然這樣的解釋可能較為聳動，可是基於本人吹毛求疵的個性，還是想跟各位解釋一下在日本「事故物件」真正的意思為何。

中華圈內直至今年（書籍出版為二〇二三年），凶宅二字普遍都牽扯到靈學、玄學層面居多，像是我自己在調查台灣人如何認定凶宅時，偶然看到繁中版的維基百科居然第一行就這麼寫道：

「凶宅是指曾發生枉死、他殺、含冤或恨而自殺等非自然死亡事件，同時伴隨人們的心理因素或是靈異事件頻傳的建築物。」

細細詳讀會發現這一整段都是建立在人死後會化成鬼作祟的前提在解釋，考慮到台灣在宗教文化對社會整體的影響力以及大眾在信仰上的熱忱程度，我個人倒也不是很意外。

那麼日本又是如何解釋的呢？

日本的不動產業界裡認為，**不限定於發生事故或案件，只要與不動產物件有關的所有問題都可稱作事故物件**。具體像是房屋漏水、牆壁隔音等常見的建築構造問題；有被縱火或闖空門的房子；附近有工廠或者墳墓等讓人感到不舒服的建物……諸如以上都被稱為「廣義事故物件」。

至於「有人在物件內往生」所造成物件本身帶給次任入居者心理上的不快，則是在歸類在「狹義」的範疇裡。在感性層面較為纖細的日本人注意到此事後，透過大家口頭傳播，很快地便把「事故物件」四個字只定型在狹義上，而筆者也因此誤打誤撞蒐集到了下面這幾則故事。

事故物件

引言

記得以前在日本工作時，某日與三位男性朋友相約新宿的和民居酒屋閒聊，大家聊著彼此近況好不開心。甚至追加了兩次九十分鐘喝到飽的方案，四人身上默默散發出玩到通宵的氣勢。

大約喝到十一點半的時候，店裡的人潮逐漸變少，依然只有我們四人還聊得不亦樂乎。

不知為何，朋友A沒頭沒腦地說道：

「欸，人突然少好多欸，感覺好怪喔！」

「哪裡奇怪？新宿最多的就是人啊，這裡是新宿欸拜託！」

朋友B又用平板唰唰地點起了酒，絲毫沒有要讓酒杯見底的意思。

「再說你不就在對面歌舞伎町上班，是在擔心什麼。」

「不是啊……就感覺安心不下來。」

「你不把我們當成人是不是啊，混蛋。」朋友C打了A的頭一邊說道。

突然自己某種直覺又蠢動了起來，好似又聞到八卦奇談散發出的氣息，於是隨口就問A：

「你是不是遇到什麼事啊？」

聽到天外飛來的冷箭，A幾乎是反射性的直接回問：

「欸？你怎麼知道？」

「我根本不知道，只是你講這種話很怪吧？」

「哪裡奇怪？」

「就像B說的，新宿根本不缺『人氣』啊!?你到底是在害怕什麼？」

「對啊對啊，到底是怎樣啦！」此時B也附和起來。

「啊！難道你去住了？」

C叫了一聲，指著A說。只見A點了點頭，而我和B一頭霧水，只好逼問A到底是怎麼一回事。

故事

原來在Ａ找到工作前，Ｃ曾經介紹他去自己叔叔所經營的房仲上班。但那時候房仲不缺人，Ｃ又基於幫Ａ的心態，於是便一直跟叔叔盧盧看是否有其他機會。

正待僵持不下之際，其中一個社員不經意地插嘴說道：

「我們不是缺打工仔嗎？」

Ｃ叔叔起先愣一下，後來才恍然大悟地說：

「那個不行！出了什麼事怎麼辦？」

聽到叔叔這麼說，Ｃ心裡就好奇起來，不過是一個房仲的工作是能出什麼事？他看了Ａ一下，Ａ似乎也與自己有同樣的想法，倒是表情上似乎透露出更多能力被小看的不甘心。不管如何，總之先幫Ａ把工作討到要緊，於此Ｃ就說道：

「Ａ的話應該可以的，請相信他吧！」

「我也覺得我可以，請讓我試試看！」

他叔叔則是一副小孩子不懂事的表情回道：

「別鬧了，你們根本就不知道是什麼工作就說可以，太孩子氣了。」

「那就跟我們解釋一下，總不能什麼都不解釋就說不行。」

後來又盧來盧去，那個社員可能看不下去就又插嘴，說道：

「就讓他們試試看吧，他們不是缺錢嗎？」

C叔叔回頭白眼了那個提出這個主意的社員，猶豫了一下後嘆了口氣對A說：

「你會怕鬼嗎？」

「蛤？」

A和C都被突然其來的問題問得不知所措，C的叔叔接著開口：

「我們有個打工是專門去住有發生事故的房子，只住一個月，以日薪計算。因爲是臨時打工的性質，所以沒有任何保障，後續發生什麼事情也都與公司無關……」

「那麼住滿一個月後，我可以拿到多少？」A急切的問道。

「看房子的事故內容，但基本上都是超過一般白領底薪的價碼。」

在東京租房子又尚無穩定工作的Ａ，一聽這樣的條件眼睛馬上亮了起來，顧不得什麼凶宅不凶宅的，馬上對著Ｃ和他的叔叔猛點頭，直說ＯＫ。

這時反而是聽到凶宅後的Ｃ變得有點退縮。

雖說本來就與Ｃ無關，可畢竟還是透過自己介紹的，要是眞的因此發生什麼事情，Ｃ實在難辭其咎。於是反而開始勸阻Ａ再多多考慮。

Ａ聽到Ｃ倒戈到他叔叔那邊時雖然有點疑惑，但在Ｃ的輪番勸導之下還是決定冷靜聽完物件內容，再好好考慮後再回覆叔叔。兩人諮詢完後便在車站隨意找了個地方用餐，Ｃ因爲還有打工，就在車站與Ａ分別，先行往房仲公司移動。

想不到與Ｃ分道揚鑣後過沒多久，Ａ就直接折返回Ｃ的叔叔經營的房仲公司，看到剛離開不久的Ａ又推門進來，著實讓叔叔嚇了一跳。

「這麼快就決定好了？」

「是啊，我實在找不到可以猶豫的理由。」

「你不在意發生過事情嗎？」

「嗯……我不太相信靈異現象之類的事。」

「眞的不多考慮嗎？」

接著C的叔叔又是一連串地以人生前輩的姿態說起經驗談，不過已經被金錢沖昏頭的A當然聽不進去，眼看A並沒有打算要在這件事上妥協的樣子，索性相約一個禮拜後在神奈川縣藤澤市的某處高級公寓大樓前會合。

到了當日，叔叔開始帶著A簡單介紹了周邊設施和內部環境。

「什麼嘛！完全沒有感覺發生過事情啊！」

附近算是非常便利，從車站走到公寓樓下也不到十分鐘。從住的地方拐出去第一個轉角不遠處，便利商店和均一價百元雜貨店像門神一樣扎實的守在巷口。再走過去一點，更能馬上看得到生鮮超市和快餐店，堪稱完美地段。

而公寓大樓格局更是讓A這個鄉下小子開了眼界。整棟大樓呈口字型建築，簡單來說就是中間是廣場，房屋都在四個方位，從下往上看只能用氣勢磅礡四個字形容。

C叔叔領著一路上東張西望的A上到六樓後，一出電梯直接走到底，左邊第一間就是所謂的事故物件。雖然選在大中午時段搬遷，陽光正烈，可一開門進去後發現除了視野非常好、採光很足外，大熱天不用開冷氣也感到非常涼爽。

一進門是玄關與鞋櫃，接著往前走到左側是有著榻榻米的和室，看起來應該是做臥房使用。

右邊第一間是廁所，第二間爲浴室和梳妝台，稍微往前一點的空間就是廚房和客廳。讓A感覺非常有現代感的是，廚具設備的正後方便是洗手台，台上就是一張桌子，可作爲吧檯使用。

A非常喜歡，縱然知道自己買不起卻還是嘴賤問了房價。C叔叔表示原價是三千五百萬日幣（約七百六十萬台幣），後來因爲發生了點事情被降了相當大的一筆數目，直逼二千四百萬日幣（約五百二十萬台幣）以下。

對A來說，沒有什麼能夠住在平常人買不起，甚至平白入住了還有薪水可領的房子，來說更幸運的事。所以看完環境後，根本沒有多做遲疑，直接跟C叔叔討起鑰匙，準備開啟假想人生勝利組模式。

C的叔叔則是一臉擔心地把鑰匙過手給A後，語重心長地對A說道：

「如果你晚上沒有跟人有約的話，不要隨意開門讓人進來，就算是熟人也一樣。」

說完便頭也不回地離開。

A當下並沒有意識到這句話的嚴重性，反而在接下來的日子，一連三天都在那棟房子裡當起大爺，過得非常舒爽。

不過現實來說，A也沒有穩定的工作，因此早上空閒還是積極地找其他替補收入，一到晚上就開始過著依賴電視、電影和網路遊戲的生活。

時間來到第四天夜晚，他一如往常地看深夜綜藝節目時，電鈴突然響了起來，A走到玄關後看了一下貓眼。

「什麼啊，原來是C啊！」

當他手碰到門把的瞬間，突然沒來由地起雞皮疙瘩。不知怎的，他突然想起C的叔叔離開前說的那句話，加上想起他是住凶宅的關係，便隨口與門外的C喊說：

「等一下喔！」

接著拿起手機直接打給了C，但電話響了許久卻沒有被接起來。

「可能是C沒帶手機吧，況且人又在我門外，怎麼可能會接呢！」

A內心邊笑著自己神經質邊準備開門的時候，手機「喀嚓」一聲接通了。本來以爲是語音信箱的他，殊不知話筒傳來了熟悉的聲音。

「喂？」電話那頭毫無疑問地的是C。

「嗯？你有帶手機啊？來找我幹嘛？」A說著，手移到了把手上準備轉開門鎖。

「什麼？我人在家啊，哪有去找你？」

聽到這，A愣了一下看向貓眼，門外的C並沒有拿手機，就只是傻傻地站著而已。

「喂，這是在耍我嗎？你真的在家？」

A一邊小聲地問電話中的C，一邊透過貓眼觀察門外和C長得一模一樣的人。

「我打工累死了，再說剛剛由理加還賴在我家沒走，怎麼可能會去找你？」

是啊，C打完工後，通常他的女朋友由理加就會到C家監視，不讓他偷偷出去鬼混，怎麼可能沒事會來找他？再說，跟C的叔叔講好要來住這間房子的事情，想來想去似乎還沒告訴C，他怎麼可能會過來？且他又是如何知道這個地點？想到這裡，A忽然意識到——

「門外的是誰？」

正當邊這麼想邊再次看像貓眼的時候，發現門外的C臉正湊著貓眼看向裡面。

接著，默默地說了一句：

「什麼啊，這麼快就被發現了啊？」

接著就看到門的把手喀嚓喀嚓地快速轉動著，一副要把門鎖破壞掉的樣子。A當場嚇傻在原地，只是身體還是反射性地把門鎖快速套上，並順手將鞋櫃擋在門前並死命抵著。

折騰一陣後，騷動突然就停止了。

「那到底是什麼啊……」

冷汗直流的A冷靜過後，腦子快速的運轉起來。

C的雙胞胎？不可能吧，C是獨子；還是長的像C的殺人犯？不，C本來就長得像殺人犯（故事敘述到這邊，A被C尻了一下頭）。最重要的，爲什麼對方會知道我發現他不是眞正的C這件事呢？

東想西想，總而言之門外的「那個」很危險。

隔天一早，A直衝警衛室逼問說，爲何昨晚亂放陌生人進來？警衛則是一頭霧水地詢問事情原委後，向A澄清昨晚他並沒有讓A所形容的事情發生。最根本的理由還是因爲大門的感應器根本沒有響過，也沒有開門過的跡象。

Ａ以爲警衛在耍他，只好開口要求看監視器。確實顯示出昨晚沒有任何人進到這棟公寓的紀錄，甚至照著電梯的監視器也都反常地顯示電梯根本沒有動過。

Ａ簡單回想昨晚事情發生的時間點，大致上得出約是晚上十一點過後。於是Ａ又請警衛把監視器時間一調，接下來的一幕直接讓兩人啞口無言。

就在對著Ａ住的地方門外走廊的監視器，不知何時長得像Ｃ的人從鏡頭外走到了Ａ住宅的門前後就一直站在外邊，不久，這位Ｃ正前方的門憑空劇烈搖動了起來。

正當Ａ和警衛看傻的時候，鏡頭中的Ｃ居然緩緩轉過頭對著監視器的鏡頭微笑，然後用嘴型對著鏡頭說：

「下次見。」

彷彿知道兩人此時正看著鏡頭一般，說完這句話後鏡頭中Ａ宅的門也停止搖晃，慢悠悠地笑著走出鏡頭外，可其他鏡頭當然還是沒有這個人的身影，也就是說他的身影就這樣憑空消失了。

「要不要報警？」

Ａ滿身冷汗點了點頭，索性直接找了附近巡邏的警員。當兩人將經過與警員說時，對方還半信半疑的跟著他們到警衛室重看了一次監視器，詭異的是再調一次監視器時，同樣時段的畫面卻什麼也沒發生，好似兩人講的不過是自己想像出來的情節。

「哪有什麼門在搖？哪有什麼憑空出現又消失的Ｃ？根本什麼都沒有。」

於是警察就只能笑著跟Ａ和警衛說：

「盂蘭盆節還沒到，現在講這些太早了吧！」

就自顧自的騎腳踏車走掉了，留下Ａ和警衛傻在那邊不知如何是好。

一陣面面相覷後，兩人各自開始沉思了起來。

本來警衛並沒有打算淌這渾水，可是又因爲他負責晚上九點開始長達十二小時的班別，眞要有什麼事情發生，這個警衛一定是難辭其咎。總之警衛也是走個形式，與早上來交接的同事詢問是否有類似的事情發生，可能期待透過其他情報找出解決途徑。不巧，早班警衛也到職不久，因此得到的答案當然也是令人失望的。

斟酌了一下，深夜班的警衛大叔便向Ａ提了個解決辦法。

他與Ａ交換手機號碼後交代他，要是發生什麼事情就打手機，他會直接上來，就算沒打，他也會在例行巡邏完後再去Ａ宅做最後確認。

有這樣的對策後，Ａ如同吃了定心丸一般，當天很快地調整好心態回到他平常的生活模式。只不過心有餘悸，進入黃昏前，以防萬一Ａ還是提早備好戰糧，同時把門鍊套上，鞋櫃也事先擋好。

整套安全措施做好不久，又如同沒事一樣倒在沙發上，回到大爺生活。而這樣的安心感，很快地就讓Ａ開始打起盹。

當他睜開眼皮的時候已經是半夜十二點整，電視正在播送最後一輪深夜綜藝節目。A揉著眼睛，完全不記得自己是怎麼睡著的，只知道看電視看到一半就……想到這，他馬上從沙發跳起來，警覺性地探頭看向玄關，還好一如往常安全配套完善。

此時，電話突然響了起來。A嚇了一跳，手機拿起來一瞧，原來是警衛大叔。

「喂？」

「喂，是A君阿，都沒事吧？」

「沒事，剛剛吃完飯不小心睡到現在。」

「是嘛？我怕你有什麼事，還拿了備用鑰匙想說去找你。」

「大叔你太誇張了啦哈哈哈，沒事的啦……」

「那我進去囉。」

聽到這，A又覺得不對勁了，就已經說沒事了幹嘛要進來？再說依照早上跟警衛大叔聊天的時候並不覺得他是這樣自我中心的人，此時腦中的警報聲大作，A三步併作兩步衝到玄關前觀察，想不到第一層轉鎖就這樣在眼前「喀嚓」一聲轉動了起來。

諒他再怎麼神反應也沒辦法招架這種突如其來的進攻，接著馬上又是「蹦！」的一聲，門大力地震了一下，直接把斜抵在門上的鞋櫃撞成直立。

想當然爾，門正要打開的時候，又被萬用的救命門鍊給擋下。門推開沒幾公分便硬生生的卡在那邊，外面的「那個」稍停了一下，緊接著又大力的撞了兩次，可門依然卡死在那裡無法動彈。

「ㄨ……喂！你……你這樣是犯罪喔！我要叫警察了喔！」

A大聲地對著門吼道，對方似乎也對他的言語有所反應，停下想闖進來的撞門。正當以爲對方已經放棄侵入念頭的A，趨前準備再將門闔上時，門縫突然滑進半張毫無血色的男人的臉：

「叫的了就試試看啊。」

A大叫了一聲，眼睛猛然一睜，原來只是作夢。

滿身冷汗的他，發現自己還躺在沙發上，電視上依然播著綜藝節目。心有餘悸的A喘了口氣，走到吧檯旁的冰箱拿了點飲料，邊喝邊拿起手機看時間，是晚上十二點整……

接著手機鈴聲響起，是警衛大叔的手機號碼。A看到當場傻住，這……不是與剛才的夢境似曾相識嗎？老實說，若是普通情況下，他會覺得純粹是巧合，但從昨晚開始直至剛才所發生的種種經驗，讓他已經覺得什麼事情都有可能發生。

在猶豫接或不接的當下，A索性放任手機在一旁響著。

可響到一半，冷不防地手機居然「喀」的一聲自己接起來，緩聲傳來：

「怎麼不接呢？」

不等下一句，A馬上拿起還放在電視上的厚膠帶衝到門邊，不斷重複黏貼門縫的地方。當他貼到門把的時候，門鎖果然又「喀嚓」一聲轉開。A馬上把鞋櫃橫放，同時拚死用肩膀斜抵著門繼續封死，且邊貼還邊聽到外面有奇怪的笑聲說：

「好有趣……哈哈……好有趣……」

A嘴巴則是重複著：

「可惡，我才不怕你，快滾！」

當他這麼說的時候還感覺的到對方正在扭轉門把試圖推進來。最後A搬了好幾張椅子斜靠在門邊，又快速地拿鹽拚命對著門灑。

就這樣一直抵擋直到門完全沒動靜為止。

翌日，清晨的陽光從陽台透了進來直接打在A的臉上，刺眼的陽光讓他整個覺得很不真實，於是摸起了放在廚房的手機，打給了警衛大叔。

「喂？」

接起來的聲音確實是警衛大叔沒錯，聽起來像是剛睡醒。

「大叔，你在樓下嗎？」

「是啊……什麼！已經六點了？」

A虛應了一聲，確實手機顯示的時間已是早上六點。

「A君你昨晚還好吧？抱歉抱歉，說好晚上要幫你巡邏的。」

「大叔……」A用筋疲力盡的語氣說道：

「你來的時候不要按電鈴，敲門三下。」

「……我知道了。」

電話掛斷後過了一會兒，門外遠遠聽到有人走路過來的聲音，接著門被敲了三下，對面傳出大叔的聲音。

「A君，我是警衛。」

透過貓眼確認是警衛大叔，比照了時間，A開始慢慢的把厚膠帶撕開。而在門外的警衛大叔，從門縫中看到A狼狽的模樣，則用吃驚的眼神問道：

「怎……怎麼了嗎？」

看到警衛大叔後，A雙腿一軟整個跪在那邊，什麼話也說不出來。

待休息過後，兩人如前日打算到警衛室調監視器。至少人來人往，聽到上班族趕車和電車經過的聲音，怎麼樣都比一個人在那種房子裡待著好多。

警衛大叔看A精神不濟成這樣，索性也不問發生了什麼事，直接開始操作起監視器的帶子。時間軸一路跑到十二點整，A宅門前的走廊依然沒有人……

應該說不是人的東西，但身體像是人體被肢解後重新組合而成的積木一樣，用極其不自然的方式從一樓的廣場一路往上爬到了六樓A的宅門前，臉就貼著門一直在轉動把手，並試圖把臉擠進（被膠帶貼滿的）門縫。

雖然不想再回憶昨晚發生的事情，A還是勉強用手機錄了下來。

最後那東西沒得逞，在門口蹭了一下後往旁邊一靠直接從六樓跳回中庭。當然其他監視器的畫面還是什麼都沒有照到。看到這一幕的警衛大叔傻在一旁，一次比一次勁爆。

精疲力盡的A似乎已知結果，但還是問了警衛大叔昨晚有沒有打給他？大叔聽到的瞬間，也馬上檢查了一下手機，回答出A預想中的答案：「沒有。」

A順勢檢查了自己的通話紀錄，不意外地也與警衛大叔相同，以防萬一他又將剛剛的手機相簿打開，點開剛對著監視器畫面錄的影片。更令他挫敗的是，如他所猜測地哪怕就在剛剛才錄完不久的影片，依舊顯示不出那段詭異的監視器畫面。

「照這樣下去肯定會被當成瘋子吧……」A嘆了口氣。

當天便直接請學弟和警衛大叔幫忙到房間整裡家當，直接載回原來住的地方。

居酒屋的B和我聽完整件事情後，老實講還是半信半疑，可A一臉認眞的講完這個故事，同時擺出那種「只要你質疑我，我就打爆你」的表情，C則是在旁喃喃自語說：

「原來那時候你就住進去了啊……」

「欸，啊那個到底是怎樣的房子啊？」

因爲故事講完了，C還是不知道那間房子曾經發生了什麼事。

「跳樓自殺。」

追記

筆者算是藉由這個故事，第一次得知了日本有所謂「住凶宅」的打工。至於為何有這樣的打工，就免不了介紹最基本的租賃契約法條。

首先在日本不動產相關法規《宅地建物取引法》第四十七條中，以白話文解釋就是：

「不動產業者行使買賣、租賃等契約行為時**不可蓄意不告知，或告知虛假情事的禁止事項**，因為這會造成消費者產生消費損害的事實，法律無法對此行為進行保障。」

消費損害（不利益，ふりえき）這四個字，其實是很模糊且主觀的。哪怕如此，但凡有消費者經過法院上訴裁定核實，最後都還是有機會被新增到追加條文裡，藉此保障雙方權益。其中最廣為人知的就是該物件有因自殺、他殺等相關情事，間接造成消費者感受到心裡不舒服的「心理瑕疵物件」，也就是我們所熟知的凶宅。

《宅地建物取引法》中四十七條第一號內又同頭強調第三十五條：「業者為了保障消費者權益，便有了必須告知最低限度的情報，意即『告知義務』，在雙方了解契約內容的前提之下，契約才能生效。」

至於像是房屋過往幾十年前的歷史，或死者的個人情報（受到個資法保護）等等情況就不在此限。於此，不動產仲介業者在介紹房屋平面圖構造和其他資訊時，都會特別備註**「有告知事項」（告知事項あり）**，代表這間房子有這樣較低的價格，背後有其原因。

接著來到重點，請各位先理解「有告知事項」這個條款，基本上只建立在告知短期間內有發生事故的情況（不管居住者是否有因此身故）。至於這個「短期」的效期長短則沒有明確規範。住凶宅的打工之所以存在，就是鑽這個法條的漏洞，利用最低限度的租賃契約去掩蓋過往發生事故的事實。故住凶宅打工哪怕存在，也絕對**不會明目張膽地刊登在公開職缺的網站上**，也因為如此才又被稱作「裏打工」。

日文中的「裏」，通常代表反面的、被隱藏的或不可公開的。不過筆者個人認為這樣的打工職缺於二〇二一年左右開始慢慢絕跡，正是因為日本國土交通省於該年度十月舉辦的「有關不動產交易上所產生心理瑕疵之檢討會」中發表了新的準則，取其概要解釋就是：

「除了與自殺、他殺或火災等特殊情況牽涉事項；抑或租賃者、買家特別主動詢問；抑或不動產業者認為租賃者、買家在購入後會產生社會性重大影響的情況下，**皆不需要特別告知**。」

換句話說，只要凶宅並非上述情況，就不會有「特別告知事項」讓租賃者看到的。

至於這句話背後的涵義，就請讀者自行想像吧！

同居人

引言

因為嚮往日本而出國工作，抑或是被公司外派而不得不來日本的歐美人士不在少數，大部分在與日本人交流時總是會深深地感到文化隔閡。不過偶爾也是會有可以產生共鳴的地方，其中之一就是號稱日本居住時一定會遇到的大魔王——「NHK收費員」。

NHK為日本放送協會的簡稱，自一九五〇年起更是基於當時日本放送法強制在日本全國播送，且依照《放送法》第六十四條第一項，只要接收到NHK信號的電視機就必須與其簽定付款契約。

因應此法條就變相出現了一種替NHK收繳契約金的討債集團，也就是上述的NHK收費員。因為這些收費員的教育程度不一，甚至有些是用便宜的打工薪資外包，往往間接在拜訪收費中與住戶發生摩擦，在社會上引起相當大的問題。

當然這不是只有日本人才會遇到。

故事

有次我與兩個日本人、一個澳洲人在某餐廳吃飯時，聊到了在日本居住時遇到的種種困擾中，就提到了這檔事。日本的同事偏向與ＮＨＫ收費員爭執、拒絕應門，或者請警察來處理。

本人沒有遇過，所以當話鋒轉來我身上時，很自然地就交棒給旁邊的澳洲人。

「我一開始遇到的時候，他們看到我就說抱歉找錯人了。」

三個人聽到這句回答是當場愣住。

如上所述，ＮＨＫ的收費員是極其煩人的存在，堪稱日本推銷產業中，仗著放送法橫行的強盜，不管對象是日本人還是外國人，他們一律有讓你精神崩潰的對應手冊和話術。

可能有人會認爲只要跟他們說我已經繳過就好了不是嗎？現實卻沒這麼簡單。只要有付過錢的，外面都會有貼紙或紀錄，收費員當然就會去找沒貼的住戶碴。這澳洲同事到日本也才過一年多，第一次遇到電視台的人員當然不清楚，更不可能已經事先繳過錢。

「到底是怎麼一回事？」

接著澳洲人就開始跟我們解釋他遇到NHK收費員的初體驗。

剛到日本居住時，第一次碰到NHK收費員只覺得是某種例行推銷，雖然覺得對方反應有點詭異，可並沒有想太多。從那之後連續又來了兩個收費員，每次都是同樣的台詞然後慌慌張張地離開，他便開始思考起來。

後來在社區裡略有耳聞收費員的事情，也聽說很不好對付，怎麼他遇到的跟傳聞中不一樣，居然這麼老實？但又很矛盾地一直來……

於是他決定等下一次上門時問個清楚。

就這樣過了好一段時間，總算還眞讓他等到NHK收費員，打開門後當然又是同樣的台詞。眼見對方要落荒而逃時，他一把抓住對方說：

「你們不是要叫我繳費嗎？」

「對不起，對不起，對不起……」

「爲什麼要道歉？我做了什麼嗎？」

「我們不會再來了，眞的非常抱歉！」

接著一把甩開澳洲人的手後就連滾帶爬地跑走了。

後來聽了其他住戶在講這些收費員的事情時，他跟一些住戶七嘴八舌聊了起來，最後總算是打聽出了怎麼回事。

聽說那些收費員在澳洲人開門的瞬間就看到後面客廳的桌子旁，
坐著一位明顯不是人的女人。

至於為什麼會知道不是人？

因為那個女的是背對著門口，頭卻是用一般人做不到的角度轉過來與收費員四眼對望，甚至還聽其中一個收費員說「它」笑著點點頭，似乎是在打招呼。

聽到這邊，我和其他兩位日本人都沉默了。

一個NHK收費員可以扯到這邊，澳洲人都這麼威猛嗎？且故事還沒完。那澳洲同事雖然本身有信教，倒也不是很相信有神明或鬼魂的存在。比起鄰居有的沒的說法，他更覺得這是好運，或者搞不好是奇蹟幫助了他。反正傳說中最麻煩的生物不需要應付就自己走掉，可算是喜事一樁。

但再接下來就不是這麼回事了。

他租的房子外觀來說就是兩層樓的公寓，每樓有六戶，共四棟並排。房間裡面就是很典型的長方形的格局，設備上還算齊全。進門後左邊就是浴室，浴室裡面有個毛玻璃的小窗戶，打開後可以直接看到玄關門外的公寓走廊。

簡單來說，門外面的人來拜訪按他家電鈴時，可以看到旁邊那一扇窗戶，就是該住戶的浴室窗。

浴室的旁邊就是廚房，再走進去就是鋪著塌塌米的日式客廳。雖說是客廳，但靠左的地方擺著他的床，床邊就是小茶几和電視。

某天他躺在床上滑手機時，他的背後傳來了「嘻嘻」的笑聲。剛開始他以爲自己聽錯了，後來越來越明顯，最後甚至感覺到有人在摸他的背。但是不可能啊……因爲他的背後是床墊，床墊下是床板……

床板下……是空的!?

想到這他忍不住跳起來把燈打開，床單一掀。

當然什麼也沒有。

這時他不由得想起NHK收費員的反應以及鄰居們的八卦謠言。不過想了一下租屋處並沒有什麼詭異的地方，很快地就將此拋諸腦後。

讓那個澳洲人相信自己的房間還有另外一個「什麼」的契機，是某天晚上他加完班從公司回到自己的住處時，遠遠地看到自己租屋處的浴室氣窗正透出亮光。

「咦?我出門沒關燈嗎?」

他一邊想著這個月電費可能會增加，一邊正要往家裡方向走的時候，看見窗戶裡有個長頭髮的女生人影就這麼走進了浴室，並打開水龍頭開始洗澡。

耳聞過日本的跟蹤狂是世界出名的可怕，於是他毅然決然打電話叫警察。

在警察來的這段時間，他就站在原地一直看著那個人影。一方面是等警察，一方面是等等看她會不會出來，結果警察到了，那個人影還依然維持著淋浴的動作。

「what……what's up……」

「我會說日語。」

「哦哦，幫大忙了。抱歉抱歉，請問發生了什麼事嗎？」

「警察先生，我家好像被不明人士入侵了。」他指向自己家的那扇窗戶。

「那不是女朋友之類的人嗎？」

「我沒有女朋友。」

「那麼我們去看一看吧，可以嗎？」

他點了點頭便領著警察爬上樓梯，浴室的人此時似乎依然無動於衷。哪怕他們三人的談話聲已經接近門前，從外側的浴室窗看那影子依然也沒有要出來的跡象。

於是乎警察就試探性地按了門鈴說道：

「我們是警察，請問有人在家嗎？」

這句話的潛台詞就是在警告裡面的跟蹤狂「你已經無路可跑了，快出來吧」的意思。過了幾分鐘，門內還是沒有任何回應，於是警察對他點了點頭，示意請他開門。

當他開門之後，三個人都傻了。

門一開，裡面根本就沒有開燈。

而浴室透出來的光不知何時早就熄滅了。

兩位警察小心翼翼地進去把燈打開，一位開了浴室門，一位走進去裡面打開後面的陽台檢查，三個人在房內兜了一圈確認沒問題也沒人藏匿後，警察對他說了一句：

「出去外面睡吧！」

「咦？爲什麼？」

「外面再說。」

結果三個人走到了中庭，只見警察神色反而比澳洲人還差。其中一位看起來較資深的開口問道：

「請問你的房間是事故物件嗎？」

「什麼是事故物件？」

「就是有發生過事故的房子。」

「這我沒有聽說，鄰居倒也沒什麼反應……爲什麼這樣問？」

「因為剛剛浴室裡面根本沒有使用過的痕跡，甚至連水痕都沒有。」

過沒多久後剛好租約到期，澳洲人便委託公司另外找了其他房子，也沒有再遇到看到他就跑走的ＮＨＫ收費員了。

隔壁的撞牆聲

故事

這是我剛到日本留學時所碰到的事情，年代有點久遠。

時間大約落在二〇一二年八月初，正值日本秋天學制結束的時候。

我記得是正值期末考結束，頗有空閒，正巧一個挺熟的日本朋友——長澤，跟我提起要趁這空檔搬家，卻又不想多花搬家費用，於是找我去幫忙。

反正無聊也是無聊，所以幾乎想也不想就答應了。

搬家地點位於靠近吉祥寺附近的住宅區。事先聲明一下，這裡絕對不算靠近鬧區，準確上來說算是與人潮匯集地有相當一段距離才對。

可要說是偏僻嗎……附近生活機能也不差，要超市有超市、要居酒屋有居酒屋，只是走去搭電車也要將近十分鐘左右的路程，頗為麻煩。

長澤新租的地方並不是在大路上，而是需要先彎進一個小巷子裡，拐進去後會看到有許多獨棟的房子並列，走到底就有一小塊空地映入眼簾。基本上就是一般日劇會出現的兩層公寓的前庭，主要是爲了能讓住戶停腳踏車所設。

一樓和二樓皆各有一排五到六間的單人套房，長澤住在二樓倒數第二間，而把家當從前庭搬上樓梯後還會經過一小段長廊，眞的頗爲吃力。可老實說當時未曾參與日本人的日常生活，因此當時我算是蠻沉浸在那種小住宅的氛圍，且屋內格局直到現在還是記憶猶新。

這裡請容我簡易形容一下格局，以便各位想像。

長澤的住處在推門進去之後，首先映入眼簾的是可以容納一人半寬度的走道，踏上玄關後是木地板，左手邊是浴室，再稍微往前一點是一個小廚房，與其說是廚房，充其量只是個水槽加上電磁爐而已。

過了這個區域後是相對寬敞的客廳，底邊甚至有面可拉開式的落地窗，窗外是個人用的陽台，還附有洗衣機和曬衣架。我們進門後便到陽台探頭一看，發現旁邊就緊鄰著隔壁家的陽台，也就是說只要動了邪念便隨時可以入侵鄰家。

於此我們還互相開玩笑地警告不要對別人動歪腦筋，否則就地正法。

回頭望向客廳，發現頭上有一小片以木板搭建的閣樓，旁邊有個樓梯可以上去，也就是屬於小型的樓中樓型，上面還算寬廣，主要目的是爲了讓人放床墊。單間格局在台灣可說是非常少見，要說外國月亮比較圓也好，至少對當時的我來說眞的非常新鮮。

可能是以一邊觀光一邊幫忙的心情在幫忙，又加上沒有請搬家公司的緣故，過程中必須和長澤從原先的住處開車來回跑好幾趟，即使途中有另外一位朋友來幫忙，當所有事物塵埃落定後也接近日落時分。

長澤因爲感謝我與另外一位朋友幫忙，於是請我們吃了頓晚飯後，三人更是跑去涉谷逛街、泡夜店玩到半夜十二點多。他也因爲達成人生中第一次自主遷居的成就，興頭從夜店出來後久久未有消散的痕跡，甚至提議意猶未盡的大夥買酒回去他的新居，打算繼續喝到早上。

三人在巷口的便利商店買了一大袋酒返回公寓時，剛好遇到住在倒數第三間的白領族，彼此寒喧幾句就各自回住處了。

當晚我們以一般對話程度的音量開始邊喝邊聊天，持續到深夜兩點多左右的時候，**突然聽見左邊的牆壁、也就是最後一間房子裡傳出很規律「碰、碰、碰……」敲牆壁的聲音**。

因有酒興的原故，哪怕聲音一直持續到五點，對此我們也沒有覺得怎樣，最多只是調侃了一下便繼續喝到三人睡死。

自那次過後我將近一個多禮拜都沒有到他家過，基本上都是約在外面玩樂。直到某日，我們早上跑到鎌倉去觀光後，晚上再回到都心內去逛街，泡完夜店，又是趁著酒興打算買酒去他家喝，再聊到通宵。

時間唰一聲地在我們喝酒瞎扯一堆八卦後，不知不覺來到了深夜，牆壁此時又開始響起碰碰聲。

「還來啊？對方不歡迎我？」

聽到我的疑問，長澤臉垮了下來用不太爽的語氣回道：

「上次之後到今天都沒停過啦！」

「欸？你沒有去敲隔壁門嗎？有跟房東講嗎？」

「沒啊，你忘記我有打工喔？打工回來通常洗洗睡了，雖然半夜狂敲是有點妨礙睡眠，但後來就想說算了。有曾經試著開電視跟他拚大聲，但對方似乎無動於衷，所以後來就不想管他了。

「你也太懶了，明天我陪你去敲門吧！」

他虛應一聲後，我們又持續之前的模式，一直聊到清晨才睡。依稀記得在我眼睛要閉上沒多久，他突然拍了一下我的臉：

「我超累欸……幹嘛？現在幾點？」

「六點半。欸，你跟我來一下。」

「去哪？」

「隔壁。」

「現在？」

「別問了，來就是了。」

然後我就在意識矇矓的情況下被拉到隔壁，也就是最後一間房間門口。門上的信件投遞口，上面貼著一張寫著「受取拒否」的封條。

何謂受取拒否？通常在日本的郵局中表示沒這地方的退件，如果是房屋的話，基本上是代表沒有住人的意思。

「這是怎麼回事？」

「我不知道。」

「這是沒人住的意思嗎？」

「還可能有其他意思嗎？」

「有沒有可能是，他不想接郵件所以沒拆下來？」

「這嘛……這麼一說，似乎有可能？」

「你是日本人還是我是日本人啊？白癡！」

「欸……你今天再住我家一晚好了。」

「先讓我睡吧！你不要自己嚇自己。」

同樣的模式又打混了一天，但氣氛與之前相比明顯低迷許多。雖然嘴上都沒說，其實都很清楚對方心理上還挺在意這回事的。

接近傍晚時分，就像預先設定好行程一般，兩人又買了一袋酒回到了長澤的租屋處，接著開了電視一邊喝著酒，一邊開始了漫長的等待。

終於，大概在接近兩點的時候，聲音開始慢慢地出現了。

「好！」他站了起來。

「你要幹嘛？」

我這麼問是以為長澤準備要去敲門。但他沒說什麼，直接打開陽台落地窗就往左邊的陽台一跨。沒多久，他很迅速的爬了回來，且像是在防範什麼一般，不但發出「乓！」地一聲把落地窗給甩上，更順勢將窗簾拉了起來，接著大聲說道：

「喂，我們出去喝吧！」

「蛤？我們不是有買酒嗎？」

「隨便啦，總之走啦！」

他邊說邊胡亂地把酒塞進去客廳的小冰箱，還強硬地把我拽了出去。我滿頭問號地跟著他，一出巷子後他根本是用半跑步的姿態直衝附近的居酒屋，進去之後什麼也沒說，叫了一盤綜合燒烤和兩杯啤酒，一飲而盡。

「欸，到底幹嘛啊？怎麼這麼慌張？有人在恩愛喔？」

「怎麼可能！」他臉色蒼白的突然跟我吼了一聲。

「欸，冷靜點，所以說到底看到什麼了，說來聽聽啊？」

「我看到……我看到一個女人。」

「然後？」

「她，不對，『那個』是吊著的……」

「蛤？」

「我說，我看到一個上吊的女人！」

「難道是……？」

「啊……沒錯。」

統整了長澤語無倫次的證言，大概是這麼一回事。

長澤那時單純想說看看隔壁在搞什麼鬼，所以從陽台去偷看一下隔壁在幹嘛，走到陽台時碰巧瞄到隔壁窗簾也沒拉，讓他壯起膽，心一橫地單腳就硬是跨了進去，結果映入眼簾的是一個吊在閣樓扶梯上的長髮女子。

它的身體很激烈的左右搖晃，劇烈到腳不斷地以規律的頻率撞在牆上。

深夜發出的碰、碰、碰的聲響，便是由此而來。

最可怕的，應該是他單腳跨進陽台看到這幅景象的瞬間，那位女子的擺動幾乎是瞬間靜止。且本來呈現上吊後的眼白和吐出的舌頭慢慢地縮了回來，用令人不舒服的笑容對著長澤說：

「一起死吧。」

被此景衝擊到的長澤只能連滾帶爬地跑回來，同時怕對方追來，只好假裝自己什麼都沒看到，拉著我一路奔來目前我們所在的居酒屋。

「騙人的吧……」

「不信你自己去看看啊！」

雖然嘴上不信，但我也不可能犯傻再跑回去看吧？就這樣兩個人一直在附近的居酒屋待到早上，才敢回去睡覺。

事後，我們到處探聽那間套房的故事，但都沒有人知道是怎麼回事，問了房東看起來也是一頭霧水。最後考慮到總總現實層面的因素，長澤也只能選擇繼續在那裡與對方和平的相處下去。

追記

筆者回台灣後，因興趣使然，依然三不五時向長澤詢問後續情況。

長澤似乎為了不去面對那陣聲音，於是將打工換成了晚上在歌舞伎町當牛郎的正職，這樣既可以完美的規避那陣聲音帶給他的心理陰影，同時也能減輕生活開銷上的負擔。久而久之，長澤習慣了這樣的生活模式後，甚至還能在營業中與女客人和前輩以玩笑的方式談起這段經驗，意外地讓他突破了自己的營業成績。

只是，後來另外幾個職場前輩和女客人聽完故事後也想親眼見識，同時也打算利用手機拍下來看看。礙於群體壓力，只好三五成群地相約聚到了長澤家中。當聲音開始的同時，他們一起站起身子，準備用手機去拍。

可聲音本來是在客廳左邊牆壁靠廁所那個地方響起，在一群人站起來的瞬間，那道碰碰聲居然緩慢地向陽台移動，接著就固定在陽台了。

眾人的視線也隨著那聲音移動到陽台，然後默默地將聚會改到車站前的居酒屋。

第二單元

怨靈

「明明就是同一張照片，每一次背景卻都不同，
實在難以置信，感覺就像是預告犯一樣……
再者照片中的『那個』的表情越來越令人不舒服……」

怨靈

在講怨靈前我們必須先大概理解，「靈體、靈魂的概念是何時有的？」

答案是意外地非常早，且全世界的人幾乎都對「靈魂」二字有著相似的概念。例如最早被發現刻在埃及第五王朝的最後一任法老烏納斯的金字塔裡面的《死者之書》，就有講述人的靈魂會脫離肉體，前往一片稱作雅盧的蘆葦田，那裡同時也是古埃及人認為的天國；另外，目前陳列在台北故宮博物院三〇六展間，來自於紅山文化的墓葬玉器——「玉豬龍」，亦有靈魂附於玉器之中，羽化重生的概念存在。

當有了靈魂這個概念之後，又因為地域文化延伸出各種信仰，其中善惡二元論更是被廣泛地運用到了宗教上，不斷在各種人事物中去區分好與壞。當然靈魂也跳不出這層關係，到了台灣之後便被分成了好鬼（地基主、萬應公）和壞鬼（吊死鬼、水鬼）等等。

在日本，針對靈魂開始有意識地區分善惡好壞大概是從平安時代（七九四年—一一八五年）開始，例如《源氏物語》中，六條御息所因忌妒的怨念而催生出的生靈（即人還未死亡，光憑負面情緒所凝聚出能夠傷人的靈體）就是最著名的一例。爾後從十一世紀（平安後期）到戰國時代的五百年間，受到普及佛教思想以及道教演變的陰陽道、庚申信仰結合等因素，人們漸漸地習慣地將鬼、幽靈、物怪、妖物等等**不可視的存在**歸類在「非現世之物」。

有稍微了解過平安時代的讀者，這時應該會想起日本的「御靈信仰」。御靈信仰扼要解釋，就是為了平息因（自然或人為）意外而死的人幻化為怨靈作祟（例如疫病），所定年舉辦的鎮魂儀式，像是京都著名的「祇園祭」就是由此而來。所謂的御靈（ごりょう，goryou），不過是為了不激怒怨靈（おんりょう，onryou）而尊稱罷了。

疫病的傳染在當時也是所謂**不可視的存在**，因此往往直觀聯想到怨靈、惡靈等等的非業做上直觀的聯想。有趣的是不只平安時代，哪怕我們把視角換回台灣，直到現在亦有人認為，人會莫名發燒受寒就是因為自己去到「不乾淨」的地方，不是嗎？

縱然筆者從歷史文化的角度去解釋了何謂惡靈、怨靈，可我想比起歷史民俗的解析，不如來說些故事可能會更容易幫助大家理解，到底現在日本人的怨靈觀是怎麼一回事。

怨佛聲

引言

留日時期，我在常去的居酒屋認識一位名為清水的上班族。

他本身就異常善於聊天，什麼話題都能侃侃而談。只不過因為當時自己日文也不是很好，加上帶有酒意的清水大叔語速極其之快，因此這篇故事算是我少數能從他口中抓到的完整故事。

他自稱有靈異體質，至於是真是假不得而知，但從他嘴裡聽來還真像有這麼一回事。

故事

事情發生的時間點是清水於大學二年級時，同一系所一位叫做成田的朋友，某日上完課後突然問起清水是否要一起合租一間公寓。

成田是一位極其普通的人，爲人也不差，所以清水沒想太多就直接答應了。簽約之後搬入的時間比想像中還快，快到連清水實際去看房的時間都沒有，且當他搬入的時候，發現成田早就在客廳的角落處理自己的紙箱。

「手腳很快嘛！」清水一邊調侃著這麼跟成田說道，只見他苦笑一下。

「這嘛……發生很多事嘛……」

清水一邊說著，環顧了一下房內四周。整體上來說都很乾淨，於是加快手腳與成田整理各自的物品。當遷居作業告了一個段落後，兩人出門買了一些下酒菜、飲料和酒回到租屋處慶祝搬入新居。

酒過三巡，清水歡騰起來。

「話說你啊，一般來說，兩個人要一起租不是至少要先讓大家都看過再決定嗎？你速度也太快了吧，就跟剛入詐騙這行的新手一樣，趕快騙一騙趕快跑路那種。」

「清水你不也是什麼都沒問，心甘情願讓我騙嗎？」

「這麼說來好像也是齁？……不對！我是叫你有點自覺啦！」

「啊……真的不好意思，沒事先跟你說明。」

「那到底是怎麼回事，我看你整個都很匆忙。」

「是啊……在那之前想問一下，清水你是有『那種』體質的人吧？」

「嗯……是沒錯，不過自己講這種事只會讓人覺得很可疑而已，且聽且笑就好。」

「所以你到底是有還是沒有？」

「有又怎樣沒有又怎樣？他們又不會害你。」

「我遇到的，感覺不是這樣。」

「你遇到的？感覺不是這樣？」

明明已稍有醉意，但清水可能是被對話節奏所影響，很快地就意識到成田之前應該是遇到什麼麻煩，讓他不得不用出逃的速度搬家。

成田頓了頓，一臉心有餘悸地開始講起，之所以急急忙忙決定拉清水一起租的根本原因。

長崎出身的成田遠赴東京來讀書，在外租屋也是極其平常的一件事。話是這麼說，可自尊心還是說服自己不要對於父母過依賴，於是哪怕老家願意負擔他的開銷，他也沒有隨便揮霍的想法。

在租屋資訊尚不普及的年代，成田憑感覺隨便找了一間六層樓左右且帶有電梯的公寓。價格方面，除了不用給房東的入住禮金之外，屏除掉二個月押金的兩年契約來算，平均一個月也就五萬日幣出頭，以二十三區內的平均價格來說，可以算稍稍便宜了一些。

空間則是非常一般，單純就是一房一廳一衛浴的狹長型格局。附設的陽台也是以隔板的方式與鄰居的陽台空間做區分，採光上也無異樣。公寓大廳有類似管理室的房間，且是感應式的自動門，安全性來說也算安心。

入住後過沒多久，信箱莫名其妙收到了一封沒看過屬名的信件。

一開始成田只認爲是廣告信件，不過外觀上感覺又是寄給特定對象才會用的正式信封。信封外確實寫著該處的地址，不作他想的成田就這麼拿回家了。

信件內容倒是頗有趣。

看起來像是用日記本寫的小說，然後撕下來幾頁裝到信封袋裡。簡要來說，內容像是某位宗教相關的人員，在記錄爲了一些信徒遷入新居所做類似安宅的工作，於是成田讀完之後，沒多想便隨手丟進了蒐集信件的盒子裡。

翌日，從學校回租屋處後，又看到類似的一封信躺在信箱。

出於好奇便又拿回家讀了起來，這次的內容就像承接前一天的小說一樣，記錄該宗教相關人員到了信徒的新居之後，他所看到該間新居的周邊環境。日復一日，成田每天都會收到這種承接前一天內容的小說（日記）式信件，雖然一開始看得很開心，但愈讀愈覺得不對勁。

不對勁的點在於，通篇劇情描寫下來，不管是小說中的車站建築、走到公寓途中的景色，又或者是公寓的外觀和樓層數，跟成田每天上下學回家看到的風景百分之百地相似。且他發現所謂的工作內容，並非一開始所講的安宅，而是驅魔。

翌日，從學校回租屋處後，又看到同樣一封信躺在信箱。

驅魔的地點，好巧不巧就在成田的隔壁房。

內容寫道，起因似乎是該信徒在年輕時，曾經因爲猥褻未成年少女被捕，卻因爲立證不足所以被輕判後釋放，沒過多久便發生許多無法解釋的詭異現象。這些現象日益嚴重，非但影響到了信徒精神層面，甚至開始在現實中產生危險。

哪怕該信徒聲稱他自己已經在努力懺悔，緊逼而來的危險並沒有因此消失。求助無門的情況之下，這位宗教相關人員才接受了委託來到該間新居。

成田在看完三、四個月左右的信件，得出來的總結大概是這麼回事：

「感覺像是以現實爲模板寫的恐怖懸疑小說啊……」

哪怕心裡覺得不太舒服，但十之八九爲虛構的可能性還是比較高吧？成田這麼說服自己，畢竟晚上總會聽到隔壁房間洗衣機在轉的聲音，既然有住人，表示根本沒發生過什麼也說不定。

思來想去覺得應該是自己嚇自己，於是每天放學回家面對新的信件內容時，比起害怕，期待的心情還是多了一些。

某日，成田因爲學校聚會的關係，搭上了最後一班電車回家。

從車站回到公寓的途中，他又不由自主地想起了該封信件的描寫內容。可能是帶著酒意，便有點自嘲地認爲「不過就是一篇小說，何必這麼認眞看待？」，再說信件給成田提供的娛樂，對於當時的他來說比起電視節目還要刺激。

正當這麼想著的時候，突然不知道爲何背後突然感受到一陣寒意。回頭一瞧才發現剛剛才走過的街景，已經變成一片漆黑。所謂的漆黑，並非停電那種依稀看得到街景路燈或是兩側民宅建築物的那種，而是很純粹的一片黑暗。

「完蛋了，是不是醉過頭？」

成田想著，無意識地就把手中的咖啡罐往那一片黑暗扔了過去。

「磕鏘、磕鏘、磕鏘、磕鏘。」

啊……應該是自己醉了才看不清……

還在思考的時候，才發現所謂的磕鏘聲不是空罐落地聲，而是從黑暗處滾到腳邊的聲音。正當他滿臉疑惑彎腰去撿剛剛丟出去的空罐時，發現空罐旁已經有雙穿著高跟鞋的腳站在面前。

看到腳的同時成田基本已經醒了，前腳一蹬直接回頭往租屋處百米衝刺。所幸回到租屋處之後直到洗完澡，並沒有發生什麼特別的事情。被腎上腺素蓋過的醉意在感到安心的同時又襲捲而來，不久便昏昏睡去。

醒來的成田認爲昨晚發生的事情多半是信件的內容產生的心理壓力，加上酒精催化下看到的幻覺。爲了不再多加想像，成田再度約了朋友小酌一番。

可惜的是一踏出車站，酒意又醒了一半。

想起昨晚的經歷還是心有餘悸，索性直接攔了計程車返回公寓。連帶昨晚忘記的信總共兩封，順手拿起信件的成田便加快腳步直接進了電梯。

進到公寓電梯的瞬間，突然響起了一陣高跟鞋聲。

成田心裡一驚，接著一名女子手提了什麼東西，在關門前走了進來。那女生的臉已經沒有記憶，但是穿著上就跟一般人沒有太大區別。

看到是普通人類的同時成田心裡也感到安心，正巧對方跟他在同層樓出電梯，所以成田腦中的想像力就暫時停止運作。門開了之後他禮貌性地讓女生先走，對方似乎朝他笑了一下走出了電梯，就在成田跟了出去之後那女生的身影就這樣消失了，映入眼中的只有空無一人的走廊。

再怎麼說服自己，這已經沒有任何說法可以說的通了。

鑰匙一拿以最快的速度進了家門，可就在進家門的同時，對講機的門鈴響了起來。成田瞄向對講機的螢幕，外面空無一人。

「哪有可能……」

對外對講機基本上沒有人按電鈴，是不會有反應的。當他這麼想的時候，對講機的螢幕閃過了一道熟悉的身影。

是剛剛那位女生。

腦中陷入混亂的成田已經不想多做思考，拉上了鐵鍊後直接從冰箱拿了一瓶啤酒出來，邊喝邊開始閱讀起這兩天沒有看的信件，看了之後他更是墜入了深淵。

這兩封信寫的內容，正是昨天和今天發生在成田身上的事情。

只不過主角是那個信徒而已。最糟糕的是，今天的信裡面寫著：

「……對講機的螢幕閃過了一道身影，那是不斷在夢中拿著刀子砍我的頭的鬼……我只能徹夜不斷念著師父教我的經文，可到了傍晚……鬼直接從陽台爬了進來……」

看到這裡成田連睡也不敢睡，硬是撐著睡意到了隔日一早。當早晨的陽光透進房內時，為了不繼續自我幻想下去，成田便連絡了管理人打算問個清楚。

他首先認爲，只要證明隔壁是有住人，那麼一切都有可能是因爲酒醉而自己嚇自己。

至少他當下是這麼篤定認爲。

「您說隔壁嗎？您的隔壁是空房喔，左右兩間都是。」

「不可能，晚上我都會聽到洗衣機之類的電器產品運轉聲。」

管理人露出了疑惑的臉，領著成田，二人去看了左右兩間房間的狀況。其中一間確實是沒人，格局上也與成田的房間並無太大區分。另外一間格局上也是，只不過門一開管理人卻沒有進去的打算。

「怎麼了嗎？」

「沒什麼，您可以進去看看。我在外面等您就可以了。」

成田沒多想直接往屋內走去。

格局上也是大同小異，只不過走進去的同時，突然間強烈的耳鳴直衝腦袋，讓他一陣暈眩。環繞一下後他退了出來眼神順勢瞥了管理人的臉，對方雖然什麼也沒說，卻明顯臉色表現出被很尖銳的耳鳴影響的表情。

「再這樣下去不行。」

這麼想著，成田直接決定退租。且不意外地仲介商與房東似乎也沒多說什麼，本來還剩一年多的契約照理來說還是要付罰款，可房東也沒打算收的樣子，很乾脆的就放成田離開。感受到貓膩的成田也不作他想，開學沒多久便約了清水搬入到現在房子裡。

「嗯嗯……那還眞是令人感興趣啊。」

「別鬧了，我是不知道那間房子發生了什麼，但絕對不是什麼良善的東西。」

「但實際上你也只是被嚇了一下，沒有受到什麼傷害不是嗎？」

「你倒是想想我精神層面啊！」

「你的精神強韌度是豆腐程度嗎你？」

「好，那不然你幫我看看那間公寓是怎麼回事如何？我是希望是自己想太多，你能幫我證明那當然最好。」

「可以啊，去就去。」

「明天如何？」

「什麼明天？就現在！」

「蛤？」

接著清水直接把成田帶出門。

此時剛好傍晚不久，多方條件都與成田說的故事時間點相去不遠。擇期不如撞日，清水是這麼想的。

一路上有說有笑的清水跟滿臉不安的成田產生了鮮明的對比。

差不多快到成田曾經住過的公寓時，清水明顯地表情一變。

「我們到了嗎？」

「啊……對，就是這裡，往旁邊繞過去後就是這棟公寓的正門。」

「你是住在？」成田正要往上比自己曾經住過的房屋時，「六樓之三還是六樓之五？」

「欸？是六樓之三……我有說過嗎？」

「不……沒事，」清水苦笑了一下，繼續說道：「探險完畢，我們回去吧。」

「嗯？怎麼了嗎？你看到了什麼嗎？」

面對成田的詢問，清水選擇無視，同時一個勁地扯一些沒營養的垃圾話。隔日一早清水便直接拉著成田驅車往某間有名神社。

到了這個地步哪怕成田再怎麼想說服自己是幻覺也於事無補，只能嘴巴閉緊乖乖跟著清水走。

神社的位置據清水所說是離都心二十三區有點距離和高度的地方，到了之後清水與宮司說明來意，便開始安排做起了驅魔法事。與一般不太一樣的是，其中成田還被要求往紙人形吹一口氣，之後再交由宮司保管。

在儀式結束時清水交給了成田六枚五元硬幣。

「接下來照我說的做：現在開始往鳥居正面走出去直到下山爲止不能回頭；出鳥居前要把六個五元硬幣往後全部拋掉。」

當清水跟在旁邊看著成田出鳥居前把硬幣拋完後，原先凝重的臉色一瞬間就緩和了不少。

看清水已經放鬆的表情，成田也感覺似乎心裡一塊大石頭放了下來。下山前清水還是用一隻手死死地搭在成田肩上。

回到都內中心後兩人到了居酒屋坐定後，只見清水滿頭大汗猛地就拿起一罐啤酒，打開後一飲而盡。

「吶，到底是發生什麼事啊，從昨天開始你整個就神祕兮兮的，害我被你搞得也怪緊張一把。」

「你啊，還眞能夠與那種不得了的東西當鄰居啊！」

「什麼啦，不是你自己說靈體不會害人嗎？」

「那個哪是什麼靈體，那是怨念吧！」

「怨念？」

「是啊，簡單來說是生靈……不對，那可以叫生靈嗎？怨靈？還是死靈比較合適吧？」

「什麼東西啦？」

「你知道爲什麼我會大概知道你住在哪間房嗎？」成田搖了搖頭。

「因為你往上比的時候，我看到一個你形容的女生正在陽台看著你。你晚上聽到的洗衣機聲，其實是從那個女生手裡提著的兩顆人頭嘴巴發出來的念佛聲。」

爾時摧魔怨菩薩白佛言世尊諸菩薩
護持國王及護諸國

追記

筆者在聽完故事後針對內容提了二個問題，根據清水的回答大概得知了幾個與內文相符合的點，這裡依序簡單做個解釋。

一、念佛聲的佛經種類以及內容？

首先是依照清水複頌的佛經內容：

「爾時摧魔怨菩薩。白佛言世尊。諸菩薩等各已說祕密真言教法……」

光從此句已經可以得知經典出處為《転法輪摧魔怨敵法》（てんぽうりんさいまおんてきほう），也是日本佛教真言宗、天台宗等宗所持有咒法中號稱最強

的調伏（降魔）法。該部經典的歷史粗略解釋，就是高僧空海從中國將密教帶回國後，融合日本本土的咒術思想並導入到佛教中，以此強調透過操持經典和咒語能替世人達到「現世利益」，抑或是讓自己「即身成佛」。

故事中的這個橋段是真是假不得而知，但上述日本兩個宗派的佛教寺院中確實有修習此類法門的課程與紀錄。

二、清水真的有靈異體質嗎？

據他本人自己所說，一開始他也沒意識自己有這種體質，以外表看起來真的就如一般人無異。後來很快地他發現只要接近所謂的「靈體」，便會開始耳鳴。

而故事中他也曾與筆者說道：

「比較誇張的是，我才剛靠近那棟公寓就開始雙耳耳鳴且頭痛不止……」

「會不會是身體的問題？」

「我也認為是這樣，但去做檢查時所有指數一切正常。」

清水認為人之所以有辦法在不回頭的情況下感知到人，就是因為每個人所散發出的電磁頻率不同，也因此才會察覺到有其他人的存在。靈體同理，只不過比起活人，它們產生的赫茲數遠低於一般人類，也因此在靠近人的時候才會產生耳鳴的現象。

確實經過一查，人耳朵中有所謂帶毛器官——「耳蝸」的主要功能就是接受和散發高頻電壓的作用。這個耳蝸接受不同頻率的觀點，與日本東大教授滝口清昭於二〇一五年於日本經濟新聞專欄「NIKKEI STYLE」所撰寫的內容基本一致。

「講鬼故事的時候不是很常有『感覺後面有人的氣息，可是一回頭卻什麼也沒有』這種教科書式的句子嗎？就是這個道理。」

「這麼一說還蠻有道理的。」

「只不過嘛……這種說法還是有些瑕疵啦！」

「什麼瑕疵？」

「你想想，耳朵的形狀主要是一個各一邊的半圓形，它的作用是為了能夠最大程度接收前方各種容易被注意到的頻率。所謂的『感覺到背後有人』，其實……

那個時候它們都在你的面前盯著你。」

清水如是說。

拍立得相片

故事

本篇故事的來源是某日我與公司同事聯誼聚餐時，偶然同桌的一位年約三十歲，名為小島的男性所經歷的恐怖體驗。

小島在二十歲左右時，在大學同社團裡有位名叫 K 的男生摯友。

某天社團活動結束，又剛好隔天沒課，血氣方剛的兩人臨時起意要到車站附近的居酒屋喝個通宵。

離開前經過幾棟教學大樓，差不多快離開校門時，K 不經意地發現地上有一張像是拍立得拍出來的照片。不知道是因為過曝還是照片沒洗好，背景並不是很清楚，只能依稀透過輪廓猜測是在某個集合住宅區前拍的。

照片中，集合住宅區前的空地有兩點污漬，感覺非常突兀。

照片中間則是一位帶著可人笑容的女性。她身穿帶著少許蕾絲邊的無袖連身洋裝，頭戴一頂白色大遮陽帽、帽底下有著一頭漂亮烏黑長髮，長相相當清秀，乍看之下也與小島兩人差不多年紀。重點是其展現出的氣質，與任何偶像相比絲毫不遜色。

她一手繞在後背，單手壓著帽子，另一手的食指和中指輕輕上揚，比出了「耶」的手勢。

小島看了那張照片，直覺認爲應該是同校女學生掉的，正巧警衛室就在大門旁邊，便打算丟在警衛室趕快走人。

倒是K看著照片相當入神，似乎對照片中的女生一見鍾情，可說是著迷了。且看他的反應似乎是打算把這張照片留著，自己去尋找這張照片中的女生。

「欸欸欸，你是認眞的嗎？」

「對啊，搞不好這是我人生成爲勝利組的一次機會欸！」

「我是不反對啦……你開心就好。」

雖然小島自己認為不是很妥當，但當下並沒有太琢磨於這件事情。待K把這張照片收進皮包裡，兩人照著預定的行程在車站的居酒屋喝到打烊，兩人方才搭著早上第一班電車各自回家。

當小島再遇到K時也是撿到照片的三天後了。

進教室後一如往常地和K坐在最後一排，入座後的K不像平時一樣講一些沒營養的話，反之，他眉頭深鎖拿出了照片看了起來。

不消說，是那一天撿到的照片。

只見他眼神還是直愣愣地盯著照片，小島起了一陣雞皮疙瘩，直吐槽地說道：

「你現在看起來簡直跟思春期的小鬼一模一樣。」

「吵死了，誰叫這女的臉就根本我的菜啊！」

「那何不在校內找找看有什麼線索？」

「其實我已經找過一次了。」K嘆了一口氣搖了搖頭。

「蛤？什麼時候？」

「昨天。」

「昨天？我們不是都喝到昨天清晨，還一起搭第一班電車了嗎？」

「嗯，但是總覺得心裡平靜不下來，所以我又折回去跟警衛套話。」

「感覺我要是現在把你腦袋剖開，會流出一堆精液。」

「靠，我很認真的欸。」K狠狠地瞪了小島一眼後，繼續闡述他的心聲。

「我本來想說一邊跟警衛瞎聊，一邊跟警衛看看照片中的女生會不會來上課，但是等到快中午都沒看到，反倒警衛去尋了校園一圈回來，看我人還站在原地有點起疑，只好很難爲情地把照片拿出來問警衛有沒有看過她……」

「嗯嗯，照你的話聽下去十有八九警衛應該是回說沒看過。」

「是啊，所以我之後又跑去攝影部問看看，結果得到的答案也是一樣。」

「嗯？這就奇怪了，照理說攝影部的新生剛入社團都是先從人物像開始啊！」

「你怎麼知道？」

「我瞎猜的。」

「滾！」

當天課程結束，小島催促K先回家睡一覺，翌日在兩人精神充足的狀態下，就開始動用各自的大圈子、小圈子尋找這個女生。

詭異的是，得到的結論都是沒看過或不知道這名女子。

持續了將近一個月都徒勞無功後，小島對於這事比起一開始當然就沒這麼放在心上。畢竟不是自己要追的人，真的找不到可能也代表沒有那個緣分吧！

倒是K反而沒有絲毫動搖，甚至把打工換到學校附近，只求能增加那個微乎其微的機率。身為朋友的小島雖然覺得有點太過，但為了追求真愛，瘋狂一回也並非什麼大不了的事。

剛好過一個月之後，某天課堂開始前，K見到小島進教室便興奮的說道：

「欸，有好消息。」

「嗯？你找到那女生了嗎？」

「對啊，我好像看到她了。」

「好像？」

「對！」

「在哪？」

「就在學校。可是不知為何每次都很巧妙的在轉角處或者剛好上了樓梯，追上去時卻又都沒看到人影。」

「……聽起來怎麼不太妙？」

「眞的是人啦！我還聽到她跟別人有說有笑欸。」

「不是，我說的不妙是指你，你的行爲根本就是跟蹤狂啊！」

吐槽歸吐槽，小島心理上還是對這個女生蠻好奇的。一張照片就能讓K神魂顚倒，實際上到底又會是怎麼樣的人呢？算是爲了慶賀K總算找到朝思暮想的女生的線索，於是社團一結束後，兩人直接又在車站前的居酒屋開喝。

很快地，小島又是連續兩日沒見到K，出於關心便傳簡訊給K問宿醉有沒有好一點。奇怪的是，當天不但沒見到他的人，連手機訊息都沒有回覆。

小島認爲K可能已經跟那個女生搭上線，因此也不做他想。

可當接到來自K手機號碼的電話時，傳來的不是K那張嘴一出口就是垃圾話的聲音，取而代之的是，K的家人想請小島到K家坐坐，順便請教幾個問題。

小島當下一頭霧水，收拾了一會後就急急忙忙地到K家。想不到K的媽媽幫小島開了門，一起往客廳走去後，除了K的雙親和哥哥外，居然還有兩位警察。

一群人臉色凝重地坐在那裡不知道在討論什麼，不管如何，K出事了。

「請問，K怎麼了嗎？」小島還沒坐下來就劈頭問道。

「K先生在前天晚上於某區附近的集合住宅跳樓自殺了。」

小島先是一陣驚愕，接著勉強自己冷靜下來回道：

「嗯？嗯嗯？不對啊，他有什麼自殺的理由嗎？」

「我們也問了K先生的家人，大家也毫無頭緒，基於手機最後一封簡訊是來自您的手機，想請問您是否有什麼想法？」

「怎麼可能有什麼想法？難道你們在懷疑我嗎？」

「並不是這樣的，而是想請教您，K生前是否有什麼異狀？」

「異狀？」小島低頭沉思了一下，回道：

「除了喝酒和找一位沒見過的女生之外還眞沒有什麼……」

「您說的女生，是這位嗎？」

其中一位警察邊說著邊從檔案夾裡遞出了K一直在看的拍立得照片。

「嗯，因爲K突然說想追這個照片中的女生於是有陪他一起找，但是根本壓根就找不到。前幾天才剛聽他說有看到這女生的……」小島邊看著照片邊這麼說道。

不知道爲什麼，小島總覺得這張照片有股違和感。這女生後面的污漬……本來就是三個嗎？而且，這女生的表情……

「警察先生不好意思，我想請問一下K自殺的大樓是在哪一區？」

「如果你想看現場的話我可以帶你去。」

「那麻煩您了。」

與K的家人打聲招呼後，他便跟著兩位警察上了車就馬上動身前往K自殺的地點。一路上小島其實心情非常複雜，明明前幾天人還好好的，沒隔幾天就突然被告知好朋友莫名離世，感覺太不現實了。

腦中還在整理思緒時，不知何時車子已經停在某個公園附近。

往窗外看去，發現有幾個疑似警察的人在那來來回回地像找東西，一下翻草叢、一下看地板，一下又順著大樓往上看。小島透過車窗自然地往上看去，發現其中一層樓有一道白影閃過，定睛一看，雖然無法完全確定，但照片中那個女生的特徵卻相當明顯地烙在小島眼裡。

白色大遮陽帽、黑色長髮、無袖連身洋裝……

在這種案發現場硬要說是巧合實在是太牽強，於是小島二話不說直接拉開車門往外衝去，可才沒幾步馬上就被刑警給攔了下來。

「小島先生，怎麼了嗎？」

「你們看，是不是有個很像剛剛照片的女生在往上爬？」

兩位警察同時往小島指的地方看去，皺起了眉頭互望了一眼。

「小島先生，您確定有看到照片裡的那個女生嗎？」

「呃……我也不確定，不過確實是有個跟那個照片穿的一模一樣的女生正在爬樓梯……」

突然間空氣陷入沉默，兩個警察什麼都沒說，只是往剛剛小島指的地方瞄了一眼，接著搖了搖頭。

「看來這次也只能當成自殺結案了。」

「也!?」

「小島先生，你指的地方根本沒有你形容的那位女生，也並沒有人在往上爬。」

「至於要說爲什麼，因爲每一層樓都有我們健康醫療科和精神保健科的科員待命。」

兩位警察像講漫才[1]一樣，很流暢地來回對話。這讓小島一時啞口無言，不知是該憤怒、該震驚、又或者是悲傷。太多情緒一瞬間衝進腦裡，腦袋便什麼都沒辦法思考了。

意識稍微回復時，小島已經被兩位警察拉回車上，透過窗外的風景和車子在路面上震動的聲音，讓他知道自己正在緩緩地往市區移動。

不知過了多久，車子才剛停到某間寺廟的停車場，馬上有位和尚雙手合掌，向前迎接。

和尚二話不說領著三人順著步道走到了後面的禪房，接著吩咐兩位警察把小島放在榻榻米上後開始叨念了起來。

「唉，早說要處理了……」

「不好意思，麻煩您了。」

「照片呢？一樣要拿回去歸檔嗎？」

「不，跟這位先生一樣，同樣也麻煩您了。」

對話到這邊後，和尚將自己身上的佛珠掛在小島的脖子上。與此同時就像配合好一樣，小島瞬間就沒了意識。

當他勉強撐開眼皮時，已經快接近傍晚。禪房隔壁傳來了和尚和兩位警察的聲音。

註1 漫才：日本雙口相聲。

「這樣就沒問題了吧？」

「我已經替他祈禱避凶過了，照片也已經供養在內院，請不用擔心。」

「眞的非常感謝，沒想到居然還會有碰上這種事的一天。」

「這次也是一樣，說是看到穿著白衣戴著帽子的女生嗎？」

「是的，如您所說。」

「兩位怎麼覺得？」

「很可惜，並沒有看到類似的人物……照片倒是有件事很讓人在意……」

「你是說污漬增加這件事？」

「那是還好。令人在意的是明明就是同一張照片，每一次背景卻都不同，實在難以置信，感覺就像是預告犯一樣，位置又都難以特定……再者照片中的『那個』的表情越來越令人不舒服……」

聽聲音的起伏，就算隔著障子也能清楚體會到這位警察似乎對這件事無法置信到全身都在顫抖。同時另一名警察則是跟之前一樣，在話被斷掉的地方漂亮地接了下去。

「還有，本來比著『耶』的手已經完整的變成比出『三』的狀態，小指也差不多快豎起來變成『四』了。讓那個東西完整比出來的話，小島先生恐怕就會直接被帶走吧！」

搖籃曲

故事

事情大概發生於黑岩先生剛成爲社會新鮮人不久，還對職場生活十分徬徨的時候。畢竟日商職場要注意的東西太多，甭說外國人，連日本人自己都難以適應。

黑岩就是那身著菜鳥西裝的其中之一。

爲了解放那令人難以喘息的職場壓力，下班後去喝一杯便是日本文化中最基礎的一項。可悲的是，在大城市工作，下班後想圖個放鬆，卻又怕巧遇前輩變成摻雜壓力的酒會，這種兩難的心情每天都在內心交雜著。

最後只好自己買酒回家把自己給灌醉。

好在過了不久，二〇〇〇年間突然流行起各種超自然話題。除了專門的靈異節目之外，當時電視台甚至爲了搶收視率，硬是在許多綜藝節目上強插鬼故事環節。

受到節目風氣影響，十幾歲到四十幾歲的青壯年便不斷跑去各種地方試膽，想當然爾這也產生了不少負面影響。

黑岩就是典型的大眾，因此也很快地沉浸在此股靈異風潮，後來甚至與留言板上認識的朋友，三五成群到關東地區各處進行所謂「靈異地點」探險，有時遇到假期更會遠征到其他縣市。

對他來說，或許冒著會遇到職場前輩或上司的危險在都心內居酒屋喝酒，還不如廢墟探險來得放鬆。

就在某次黑岩與他三位快樂小夥伴一起窩在公園，討論接下來要去什麼地方時，其中一位Ａ提議道：

「聽說某縣郊外，有個廢棄旅館，聽說裡面裝潢和一些傢俱什麼的都還很新，除了沒水沒電之外，看起來其實跟營業中沒兩樣，要不我們乾脆去那裡住一晚？」

「你的意思是說飯店本身還是保持原樣，不像我們之前去的廢墟那種感覺嗎？」

「對啊，留言板這麼寫，讓人覺得頗好奇的。總之，去了之後要是真如網上所說，那我們就在那睡一覺；如果是那種只有流浪漢敢睡的清潔度，我們就跟平時一樣繞幾圈走人。」

「ＯＫ，就先這麼敲定了。」

大致擬定好計畫之後，很快地就到了出發日。

黑岩和Ａ、Ｂ三人在約定的地方集合好，等待預定要開車來載他們的Ｃ時，Ｂ的手機忽然響了起來。

「喂？」

「啊，不好意思我是Ｃ，因爲臨時有事，怕這次是不能去了。」

「欸!?……眞的嗎？那還眞是難辦啊……」

「不過我有一位叫做杉山的朋友聽了我們的計畫之後覺得很有興趣，雖然個性有點自我中心，不嫌棄的話，他說他願意開車跟你們一起去。」

畢竟是團體行動所以Ｂ也不好自己拿主意，只是後來大家都覺得與其計畫被打亂不如就讓新人參加，加上沒有交通工具也很麻煩，三人也沒多想就同意了這件事。

「那麼我轉告他一下，他人應該剛好在你們那附近，過去不會太花時間。車子是藍色的，再麻煩了，不好意思造成大家的困擾。」

打完招呼後便掛了電話，等了一下後，確實如電話那頭所說的，一輛藍色的小客車緩緩地停在三人前面。駕駛搖下車窗表示自己就是杉山，簡單打聲招呼後，一行人就在車上閒聊著，一邊開著車往目的地去。

雖然沒能成行的C形容杉山這個人「講話自我中心」，當三人跟杉山提到這次的計畫和預定的住處，甚至閒話家常時倒還沒什麼特別的感覺。

不過當三人闡述廢墟探險的意義，某種程度上除了滿足刺激與恐懼感之外，也是想要追求一些不可解釋的靈異現象，談到此杉山很明顯的展現出嗤之以鼻的態度。

與杉山來來回回的對話中，三人漸漸了解到原來他的自我中心是關於沒有所謂「寧可信其有」的這種想法。他堅信萬事萬物一定有其根據，哪怕自己無法好好推論，但他還是堅持自己的想法。

這一點對於抱持著期待進行廢墟探險的三人來說，明顯讓人覺得不太舒服。更可悲的是現在三人坐的車子是他的，再怎麼不高興也只能摸摸鼻子算了。

行駛了好一陣子後，四人總算到達了位在山腰上的廢棄旅館前。時間差不多到了深夜時段，杉山停車後，四人急著下車打算看看這個廢棄旅館是什麼來頭。

抬頭一望，外觀其實就跟一般的度假旅館差不多，外側也沒有過度斑駁的牆面。附近的盆栽花草仔細看才能發現沒人修剪，不過擺放的位置完好如初，對沒這麼在意美感的人來說應該也是毫無差別。若旅館還有打燈的話，說是還有營業應該也沒人會懷疑。

更讓人驚訝的還在後頭。

四人走進去之後，除了桌椅和器皿有些凌亂外，基本上與一般旅館的氛圍相差無幾。靠近櫃台一看，所有的鑰匙甚至都還整齊地掛在鑰匙架上，看了樓層圖後，四人各自挑了第四層樓鄰近電梯的四間房，將鑰匙塞在口袋後，剩下的房間鑰匙分配在四人手上，隨即分別開始檢查二到四樓中是否有打不開的房間。

眾人把一到三樓的每個房間、甚至是樓層的工具間都鉅細靡遺地檢查，可是愈逛愈讓人懷疑自己是不是真的到了目的地的廢棄旅館。

杉山可能對探險不清楚，但以三人以往的經驗來看，一個廢棄了好一段時間的地方還能夠保持得像是還在營業時的風景，要不是暫時停止營業，就是所有人離開的很匆忙，匆忙到辦公室裡面甚至還有保存完整的工作文件。

瞎折騰一陣後，四人在樓層電梯前的休息桌椅那討論了起來。

「地址應該也沒什麼問題……但完全沒有廢墟感，不如說從業人員離開的速度太過迅速……」

「有沒可能是飯店負責人惡意倒產，連夜捲款逃走，所以員工發現後爲了轉職便快速脫身……之類的？」杉山簡單的做了推論。

「如果今天我的公司惡意倒產，員工們應該都不會甘心吧!? 轉職是一定要的，但那之前也會聚在一起先對公司的二把手或上層抗議，至少最後應該會上新聞才對。」

「不過根據留言版上的情報，這家飯店並沒有類似的事情發生，也找不到相關的情報……只知道在短時間內客人不但不來光顧，從業人員也以非常快的速度相繼離職……」

「現在再怎麼討論也得不出結論，總之先找到各自的房間睡個一晚，明天早上七點大廳集合拍幾張照後，再看要不要找當地縣史查看是否有相關報紙留存。」

A說罷後四人便結束話題。

爲了萬一出事能夠互相照應，每個人的房間基本都選在隔壁且離電梯最近的地方。話雖如此，也僅是以防萬一而已，加上當晚探查中並沒發生什麼特別的情況，甭說什麼詭異的哭聲了，連廢墟探險一定會出現的「東西掉下來」的聲音都沒有。

於是每個人就抱持著輕鬆的心情，各自進房休息。

當黑岩進房躺下閉目養神了一段時間，突然從房外不遠處傳來了很輕微的「叮」的一聲。想都不用想，白癡也知道是電梯門在某個樓層打開的聲音。

「不對啊……這地方早就斷電了啊!?」

聲音響起後，黑岩的腦中的現實與理智開始產生矛盾，於是他拿起手機便傳訊息詢問其他人是否有聽到類似電梯開門的聲音。不久，A和B很快地就回了訊息表示也有聽到。

唯獨杉山除了「有」之外，還要酸說可能是附近哪裡有玻璃製品，剛好被夜行性動物撞倒才有類似電梯的聲音。

「確實也有可能……但不應該只會響一聲才對……」

才剛這麼想，房外不遠處又傳來了「叮」的一聲。明顯地，這次電梯在他們四人所在的樓層開了。

「睡吧，睡吧～快睡吧，快快睡吧……」

睡吧~
睡吧~
快睡吧~
快快睡吧

房外的走廊外，由遠而近傳來了一道女子唱著搖籃曲的歌聲。黑岩心裡這時馬上感到一陣恐懼襲來，但同時也間接狠狠地打臉了杉山的無鬼神論。

「哪個正常人他媽會三更半夜跑來廢棄旅館唱搖籃曲？」

再說電力的部分，四人早在一開始就有去機房測試過是否能通電，答案當然是不行。而外面那個「女人」明顯是搭著電梯不知從哪個樓層跑來的，再瞎七八亂扯啊！

正當黑岩各種複雜的情緒在內心跌宕起伏的時候，伴隨著「喀擦！」一聲，聽起來像是房門被打開的聲音。正當黑岩還在疑惑時，走廊馬上就傳來了杉山在那邊怒吼：

「哪個白癡在這裡唱什麼破爛歌啊！」

接著再一陣寂靜後，又聽見「碰！」，像是惱羞一樣地把門給大力地甩上的聲音。黑岩此時想笑的情緒已經壓抑不出，正想著要怎麼揶揄杉山時，手機傳來了A的訊息，內容大概是要B和黑岩切勿輕舉妄動。收到指示的黑岩只好按耐住，於是只好在房內靜靜地等待早晨的到來。

不知什麼時候睡著的，當黑岩起床時外面的天色還有些陰暗。看了一下時間差不多在六點半前後，收拾了一下東西後黑岩起身往大廳移動，一屁股坐在沙發上點了根早晨菸。

不久，A和B也陸續的從樓梯間出現。

三人互相打聲招呼，很快地開始討論起昨晚發生的事情。只不過就如同昨晚四人在樓層電梯前的休息區所討論，在各種資料不齊全的情況下，只針對廢墟本身的狀況來評估幾乎無法得到什麼像樣的結論。

最後話題繞了一圈，乾脆如昨晚所說的，直接到該縣圖書館查閱縣史會來得更直接。再不行的話也只能舉雙手投降，反正他們也沒什麼理由一定要刨根問到底。

時間很快地來到了七點半左右，杉山依然沒有出現。礙於昨晚他白目的行為，三人對他的印象基本上大打折扣，加上還遲到睡過頭，更讓人覺得無法理解這個人腦中是否有常識。

只不過三人不管是敲門、喊人還是打電話均得不到杉山的回應，眼看時間來到了將近八點半，不爽的情緒漸漸的轉為不安。三人生怕杉山是否是有什麼心臟方面的疾病突然發作，到時要是發生人身意外事故簡直是飛來橫禍。

於是A便當機立斷抄起手機報警。

當A跟警察報完四人的所在地之後，沒過多久就來了三輛警車。其中兩位警察確認完事情的原由後，便也跟著三人來到了杉山的房間。同樣的在試著敲門、叫喚，同時請A打電話給杉山確認手機是否還有在房內等行爲無果之後，警察便叫三人到電梯前的休息區去等，接著開始大喊：

「喂，要開始破門了喔！」

「如果裡面的人還有意識，請盡量遠離房門！」

「破門了喔！」

連著「碰！」、「碰！」、「碰！」幾聲，警察直接踹門而入。不久，兩位警察發出了「嗚哇……」的聲音後，好像用無線電跟樓下的警察講了什麼，三人就看到一名警察氣勢洶洶的走了過來說道：

「喂！你們三個，現在馬上上車！」

雖然三人搞不清楚狀況但還是配合著走下樓，但詭異的是不知爲何三人卻被帶向不同的警車後，前後三台排成一直線便往警察署移動。到了偵訊室之後，三人又各自被帶到不同的房間。

黑岩被帶進去之後，便被要求從昨天起床到今天來到這個偵訊室爲止，以三十分鐘爲一個單位，闡述自己做過些什麼。

「咦？以三十分鐘爲一個單位？」

「對，反正給我說就是了。」

於是黑岩便從頭到尾講了一次後，只見警察點點頭後說了聲「再從頭講一次」。就算再怎麼蠢，黑岩也意識到自己被懷疑了的事實，想到被逮捕後警察有四十八小時的拘束時效，心裡又登時涼了一截，但當下也拿警察沒輒，只好硬著頭皮繼續重複自己說過的話。

不知道過了多久，黑岩也不斷的在走神。突然間，審訊的警察突然問了句：

「累了嗎？」

「嗯……」

「不然換個問題吧，你朋友的髮色是什麼顏色的？」

「我記得好像沒有染過，是純黑的。」

「眼睛的顏色呢？」

「因為是日本人應該都是黑色或者帶點棕色的吧？」

「指甲有掀起來嗎？」

「一般來說不可能發生這種事吧……不然怎麼開車載我們？」

審訊的警察點了點頭，接著又叫黑岩重複繼續昨天到今天的流水帳。正當黑岩嘆了一口氣打算開始重複時，突然進來一位看起來很像電視劇的那種穿著大衣的刑警，對著黑岩說：

「不好意思，你們已經沒有嫌疑了，可以換個房間讓我跟您解釋一下嗎？」

因為剛來的刑警口氣明顯比較好，所以黑岩也沒想太多便跟著移動到另一間房間去。一進門發現A和B也是神色憔悴的坐在椅子上。三人互相打了招呼後才發現，原來大家被帶來之後都一直都被警察反覆詢問直至剛才為止。

此時，帶路的刑警對著他們三人深深的一鞠躬後說道：

「相信各位應該也有所察覺，你們的朋友已經死在房間內了。只不過死狀有點詭異，於是才有這次的審訊。」

「一開始就懷疑人實在也……」

「請容我跟三位簡單解釋一下。」那位警察似乎直接無視了抱怨，繼續說道：

「首先，死者的頭髮為灰白髮……」

「啊，所以才問說頭髮的顏色啊……」

「另外，死者的雙眼眼球是迸裂飛出的狀態。」

「不是吧、有沒有這麼誇張？那眞的是杉山嗎？」

把刑警的解釋統合一下詳細來說，照理說這種不可能的死法在醫學上「似乎」有法可解釋。

譬如說人在受到驚嚇的時候，眼壓會飆高，如果一直持續不間斷地長時間受到某種程度的驚嚇導致眼壓急遽升高，眼球是有機會迸裂出來的。眼壓升高的同時，還會造成頭髮的黑色素快速減少，所以導致死者頭髮是呈現灰白色。

因此警方猜測杉山是否因在場三人長時間用了什麼手段讓死者長期暴露在恐懼之下，才導致這樣的悲劇發生。

但說到底，人類之間互嚇也不過就是一瞬間的事，哪怕是長時間的驚嚇，人類也會有適應性，很快就再也無法被嚇到。因此警方在重複確認了三人的口供和對照一些現場的證據後，才解除三人嫌疑的指示。

「那所以杉山到底是怎麼死的？你剛剛講的不也只是在推論狀態嗎？」

「雖然很丟臉，不過……具體情況我們也不知道……」

跑完程序之後領回私人物品，正當三人準備離開警察署前，黑岩突然回頭問了來送行的刑警說：

「頭髮和眼睛的事姑且算是清楚了，但是我被問說死者的指甲有沒有掀起來，這又是爲什麼？」

「那是因為死者為了死命的蓋住兩耳耳朵，把耳朵周邊的皮膚抓得血肉模糊，導致指甲最後整個掀開了。」

聽到這番話後，三人只是默默地行了個禮後便原地解散。

自此之後，除了本來要來的團員之外，A、B和黑岩便沒有再約去任何地方探險，也從此不再幹這種事。

至於杉山的死是否與那天晚上聽到唱著搖籃曲的女人的歌聲有關，就不得而知了。

第三單元

人怖

「奶奶屍體被發現的前一晚，雖然那時我正看著電視，
但其實背後很清晰地傳來我媽出門的聲響。」

人怖

人怖，來自於日文「人間が引き起こす怖い話」，直譯過來就是**由人所造成的恐怖故事**。

於二〇〇五年，為了調查發生於前一年十月二十三日發生在日本新潟縣中越地方的地震給人們所帶來的影響，以「你現在最害怕的是什麼？」為題，分別對一萬一千八百六十五名網路使用者做了調查。

第一名不意外就是「地震」，而第二名則是「人」。

這個調查有趣地表現了一件事，也就是人類基於防衛本能而感受到來自人類自身的惡意，其危害性居然僅次於天災。

縱然人的惡意從古至今連綿不絕，不過過去並沒有什麼固定的詞彙去表示，因此向來只能用童話、民間故事和經驗法則去告訴後人如何分別人的好壞。乃至一九八八年日本高人氣的芭蕾偶像團體「Le Girls」的成員．江美早苗被前夫跟蹤長達兩年最後被殺害，震驚全日本的刑事案件，也僅僅讓當時的社會開始活用了跟蹤狂（ストーカー）這個字彙而已。

直至一九九九年，日本最大網路匿名論壇「2 channel」成立之後，人怖一詞才正式被人創造並搬上檯面。可要說到被普及的路徑，以當時來看主要還是以電視節目為主。

當時日本正值第二波靈異風潮，其中由日本富士電視播送的「雞皮疙瘩系列」（トリハダ）和爾後的企畫「讓松本人志背脊發涼的故事」（人志松本のゾッとする）話中大量出現的人比鬼可怕的故事，更是讓長期只接受超自然神祕事件和妖魔鬼怪情報的人們發現了一條更有趣的話題。

但其實我們只是換了一個不同的方式體會到，人類的可怕其實遠遠超越你我的想像。

錄影帶

引言

某次日台怪談交流座談會開始前，我和一些怪談師因為想提前準備便早早進到了線上會議室。

因空檔時間還算充分，於是就聊起了怪談文化的興起，以及台灣近年對於怪談故事的開放程度。因為話題的趣味性，怪談師甚至呼朋引伴，邀請當天沒有預定參加的其他怪談師來一起閒聊。

當天閒聊主軸為靈異節目。

日本電視台作為怪談／鬼故事最有效的傳播媒介，我們漸漸開始談起了一些今昔對比。其中有一種內容變動最大，那就是靈異影片。日本該類型的節目在這個環節逐年銳減（或說幾乎都與以前的內容重複），近十年更是直接消失。

於是在閒聊中，我便丟出了這麼一句話，打算撈一些怪談業界的情報：

「現在靈異影片的節目與往年比真的都沒了呢。」

「畢竟現在這個世代的合成技術比以往高出很多，如果被發現是偽造的，播出來也會有很多後續的問題吧！」

「但總有些是真的吧？」

聽到這句話，其中一位早早就踏入演藝圈的怪談師H便說了這麼一個故事。

故事

其一、遺言

大概在二〇〇〇年初頭，怪談師H先生還是某靈異節目的投稿審核班底時，每天會在上午會議中，把收到的投稿區分且逐一檢查。信件內容大家會分工來閱讀，有照片的來信會與僅有信件區分開來，而投稿的錄影帶則會歸類後，再讓所有人一起看。影片內容如果可以採用的話，會讓編輯人員看過後，再決定是否要放入節目之中。

就在某日，他們收到了一捲錄影帶和一封信。

一般來說可能會先看信件內容再看影像，可礙於工作量，再加上通常錄影帶的投稿數量並沒有想像中的這麼多，所以電視台的團隊會選擇先確認影片是否能給觀眾最直觀的衝擊後，再看看信件內容是否有一些補充說明。

於是照慣例他們就先放了投稿來的錄影帶。

錄影帶一開頭是一位年近四十歲的男子，正對著鏡頭跪坐在房間內不斷地啜泣，一邊說著什麼。工作人員把音量調大後，大概是這樣的內容：

「由美，我因為生病的關係可能不久於人世，沒辦法再繼續陪著妳了，真的很對不起……其實真的很想一直陪在妳身邊看妳成長……

……嗚嗚……嗚嗚嗚……

那個時候真的很開心呢……看妳在運動會上奔跑的樣子，雖然沒有拿到第一名，但這也是和媽媽一起練習後的成果，請不要為此氣餒喔。哪怕考試沒有考好，也一定要繼續努力加油。

……嗚嗚……咳、咳咳咳……（深呼吸）……

……孩子她媽……我也很擔心妳……擔心妳是否真的能夠一個人照顧由美……請務必要堅持住，好嗎？我就算不在了，也會在天國保佑著妳們的。」

影片就到這裡結束。

所有人看完之後一頭霧水，比起靈異影片這看起來更像是爸爸錄遺言給家人。於是大家又回放了一次，開始慢慢地找是否影片中有什麼詭異的地方，可惜最終還是沒看出來什麼端倪。

監製這時便把隨著錄影帶寄來的信件打開閱讀起來，只見他倒吸了一口氣說了句：

「啊……這個，沒辦法播呢！」

「欸？」

所有人不約而同地用疑惑的表情看向監製。

監製看了一下眾人，從左側把信件給傳了下去。看過信件內容的人無不倒抽了一口氣，紛紛嚷嚷著說「這個眞的有點糟糕……」、「哇……這一定會收到客訴吧……」

看到眾人這樣反應的怪談師H是越發好奇，當終於輪到自己時接手一看，確實這內容令人感到不太舒服。

信件內容是這樣的：

「我是被影片中這個男的叫做媽媽的人，影片中雖然他語氣親暱，但實際上我們根本不認識他，更正確地來說，連見也沒見過……可他說的內容全都是真的，我女兒確實曾經為了沒在運動會上拿第一名而覺得不甘心，也曾因為考試沒考好而覺得失落過，只不過我記憶中那個男的從頭到尾都不在場才是……」

在聽完怪談師H的故事後，所有人起了一陣雞皮疙瘩。

這時他緩緩地喝了一口水後，又說道：

「後來在信件中有附上了這家人的全家福，確實這位媽媽的丈夫與影片中出現的男子完全不一樣，而且早在女兒出生後沒多久就因意外去世了。」

「所以她們母女完全是被跟蹤狂給監視了啊……」

「這樣想來他影片開頭所說的『對不起』指的是沒辦法再跟蹤你們了，這樣解釋行的通嗎？」

「確實可以這樣說啦……但我個人覺得後面的『在天國保佑著你們』倒是更令人覺得害怕呢！」

「實質上來看這位跟蹤狂已經過世了，沒什麼好怕了才是。」

「這故事所留存的餘韻確實令人不寒而慄，不過……」

我稍微頓了一下，提出了一個疑問。

「話說這與真的『靈異影片』這件事有什麼關聯嗎？」

「完全無關……哈哈哈！」他大笑著，接著繼續說道：

「可是沒辦法，除非一開始就用直播的方式，不然實際上不管是電視台還是動畫平台幾乎有九成都是假的，且絕大部分被認爲是眞實的錄影帶，內容都是人比鬼還可怕。」

於是怪談師H說完，又開始講起了另一個故事。

其二、晴天娃娃

同樣是某日上午的投稿審查會議，工作團隊又收到一捲錄影帶和夾帶的信函。

依照慣例又是先放了錄影帶，可內容除了幾個小段有拍到模糊的影像外，大部分都是漆黑一片，像是被什麼東西擋住，而從螢幕反射出眾人神情專注的臉倒是令H更覺得可怕。

回到影片上，跟上個故事比起來還算有點線索可循，也就是那幾個有拍到模糊影像的片段，大家便又將錄影帶回捲後將畫面定格在那幾個片段。奇怪的是，把解析度調高也只能依稀辨識出一道人影和一隻晴天娃娃。

拍攝的角度似乎是在人影的左半身後，把片段銜接在一起，可以大致推測出這道人影正對著晴天娃娃前後搖晃著上半身，看樣子似乎是在祈求晴天。

接著調整音量，傳來的是一陣一陣音律很像的窸窣聲，雖然大家意見稍有分歧，不過每句窸窣聲一開始的短音節還算好認，所以最後大家得出的結論是，影片中的人所說的發語詞是「晴天娃娃大人」（てるてる坊主様）。

「晴天娃娃……大人？」

正當所有人一頭霧水時，監製又一邊叼著菸一邊讀起信封。

「致○○電視台．××節目製作組

這捲錄影帶是我大學時期某次寒假回鄉下老家時，用打工買的攝影機所錄下的。

回老家後閒著無聊本來打算隨便亂拍一些東西，後來耳聞鎮上裡有一位很神奇的女子，抱持著好奇心便透過關係找到她，打算拍攝一些有趣的談話。

與之相約在鎮上的家庭餐廳見面，沒想到最後來人是一位看起來準備要升大學的女高中生，於是便失望的放下了錄影機。

至於為什麼會被大家認為很神奇，據她本人所說，是因為她家裡有一尊很靈驗的晴天娃娃，只要向它祈求便會心願成眞。因似乎眞的有做出口碑，所以當我們談話時，甚至鄰座的男高中生聽聞，便跑過來請她幫忙達成心願。

因為聽起來實在太過可疑，於是我就默默地看著女高中生是否有類似索取金錢的行為。但令人驚訝的是，女生並沒有向對方索取任何費用，更沒有提出任何的要求。這倒是讓我把消失的好奇心又撿了回來，於是趁她去上廁所時，偷偷的把錄影機放在她的包包。

隔日一早，正當從老家要出門去便利商店時，發現門外鞋櫃上正放著我的錄影機。正當心想『完蛋，被發現了』的時候，當日下午就聽聞鎮上發生火災，而事故主似乎就是那位女高中生的宅子。

基於其他事由，過了一陣子我才想起這件事，回頭檢查了錄影機便發現這捲錄影帶。我看了幾次，感覺是把包包放在左半身後方所拍攝到的畫面，依稀感覺就是那女生在祈求晴天娃娃，可是有種說不出來的怪異，還請節目組幫忙鑑定一下。」

等監製唸完後，所有人先是面面相覷了一下，便開始笑了起來。

「什麼怪異……這就是偷拍而已啊！」

「把錄影機放進女高中生的包包，這完全是犯罪吧！」

在此起彼落的訕笑聲中，只有監製和一位攝影助理死盯著定格中的片段畫面。

不久，這位攝影助理臉色開始慢慢轉變，最後倏地把桌上的A4紙搓揉成晴天娃娃的輪廓，然後擺在旁邊的同事頭上後請她拿著，再從同樣斜後方的角度用數位相機拍了一張照後拿給監製看。

「角度上……果然最多只能看到晴天娃娃的裙擺嘛……」

「那根本不是晴天娃娃……是吊在房簷上的人!?」

●REC
00:12
.8

追記

日台怪談交流座談會

很常會有一些追蹤筆者噗浪和批踢踢文章的讀者好奇問說，為何有這麼多日本的怪談可以講，這就不得不與各位介紹「怪談師」這個職業。

怪談師，簡而言之就是「專門介紹怪談的人」。有些人會把怪談二字翻譯成鬼故事，但實際上內容包羅萬象，並不單指幽靈鬼怪，只要是不可解釋的情節都能歸屬在怪談一類。

這個風氣主要還是被認為源於江戶時期（一六〇三—一八六八年）的傳統藝能——「落語」，而「落語」說白點就是以生動活潑的方式來演繹故事中的人物性格，以此為中心所發生各式各樣事件的說書人。到了後來故事種類、段子的增加和個人台風的特色等，又發展成不以特定人物為中心，著重在故事細節的「講談」，以及以不可思議、幽靈鬼怪為主題的「怪談」。

以怪談為中心所進行的現場表演活動，即稱作怪談會。

除此之外，怪談會也能在活動過後舉辦線下交流，可以聽取怪談師正在蒐集，尚未統整好的故事情報，又或者想將自己的經驗分享給怪談師，請對方在活動時使用。同好之間，甚至會在活動後聚在一起針對怪談故事帶來的餘韻配酒歡談，或是彼此交流自己的恐怖體驗。

台灣目前因為苦於沒有這類型的活動，加上日方因疫情不能辦實體活動的緣故，因此筆者便趁機與日方怪談師聯絡，在有前提條件（不收費，但要求日語能力等）之下合作，並正式於二〇二二年一月開始舉辦了線上的「日台怪談交流座談會」的活動。

本書在執筆時已因雙方工作與活動頻繁暫停座談會交流，但後續若再次決定開放線上座談會可參考筆者個人噗浪和批踢踢的公告。

關於晴天娃娃

若有看過日本動畫「一休和尚」就會發現裡面常常會有晴天娃娃的畫面，相傳日本只要將晴天娃娃掛在屋簷下，隔天便會放晴。

我想對於喜歡都市傳說、靈異怪談的朋友們或多或少也聽過晴天娃娃相關的恐怖故事吧!?

網路上早有人做過相關題材，但大多都是從日本童謠〈晴天娃娃〉著手，卻筆者認為若沒有任何基礎了解，是沒辦法體會到貼近史實的晴天娃娃之可怕之處。藉著前述的怪談，這裡要為各位詳解晴天娃娃真正的恐怖傳說。

如果各位讀者已經閱畢故事，筆者建議各位先闔上書休息一下，因為接下來要講的故事可能需要消耗腦力將邏輯和線索串在一起。

一、晴天娃娃的由來

首先免不了提到晴天娃娃的由來，日本民俗學界至今為止依然眾說紛紜。目前最多人相信的說法依然是由中國傳入的「掃晴娘」傳說。以歷史文獻來看，從最早被載於《元詩選》中的「掃晴婦」，到明朝劉侗所作的《帝京景物語．春場》或者是清朝的《陔餘叢考》，都是以剪紅紙成女孩執掃帚掛在簷前以祈求天晴。

可幾經一查發現，這又是一起為了祈求放晴而把活人獻祭給大自然的悲劇。

傳入日本後隨著時代演變，到了江戶中期後日本人也普遍有把所謂的人偶、紙人掛在屋簷上祈求雨停的風習。只不過日本版的故事內容比起中國的掃晴娘，又更加的血腥殘暴了一點。

這裡簡要說一下故事大綱：

「某國領主（有說是村長、也有說是天皇）因受連日大雨所苦，遂委託一位聽說有召喚晴天能力的和尚，花了大把心力將他請來，並舉行一陣誦經祈禱後和尚便先行離去。可過了兩三天，這傾盆而下的大雨看似沒有消停，內心覺得受騙的領主（村民們）便將和尚吊死後連同脖子斬首，將他的頭套上白布掛在城門口（村口）外，沒想到隔日便放晴了。」

先不說這個故事的起源來自於哪裡，從細節來看還真有可能發生這麼一回事。

二、人柱傳承

首先，筆者個人在任何都市傳說中看到因「自然災害」而引發的人禍，都會習慣先與「饑荒」做聯想，畢竟故事中的連日大雨恰恰就是造成饑荒的原因之一。日本史上像是「寬喜饑荒」（一二三〇─一二三一年）、「正嘉饑荒」（一二五八─一二五九年）、「天保大饑荒」（一八三三─一八三九年）等慘事，便都是起先受到連綿不絕的雨勢造成河川氾濫，加上低溫造成糧食急遽短缺，隨之而來的就是疫病、吃人和活人獻祭，且這些事情還並不只限於某個地區。

例如連日降雨造成洪水氾濫，苦不堪言的村民認為把活人拿去獻祭造橋築堤後即可有效的鞏固建物根基、防止水患。而被抓去活埋的人，稱為「人柱」。

好巧不巧，有些地方自從這麼做之後還真的不再犯水災或天氣直接放晴。會這麼說的原因，就是日本全國各地至今為止在河川治理上所「傳承」下來的具體實例。

諸如：

①九州地區，福岡縣北九州市，遠賀川傳承
②中部地區，愛知縣春日井市，十五之森遺址
③關東地區，琦玉縣北本市，荒川物語
④東北地區，宮城縣仙台市，割石
⑤關西地區，大阪府大阪市，長柄人柱巖氏碑

初次聽到人柱傳承的讀者可能會半信半疑，但事實上如上段所述，治理河川氾濫從古至今都是政府課題，上面的舉例出處基本也有經過日本國土交通省，當地河川事務管理局在整備川流時得到的歷史紀錄資料考證。

像是昭和十二年（一九三七年）九月十一日受到颱風侵襲的關係，位於兵庫縣龍野市的富島川堤防大破。災情過後在縣政府補助之下開始堤防修復工程，沒想到從舊堤防中發現了一尊立姿的人骨。當地人將人骨迎出後供奉在當地寺廟，並在原堤防上立了一尊人柱地藏。

這時可能有些人會有疑問，這些「人柱傳承」也就是把人給埋進去當生樁（又被喚作「活人奠祭」）與「晴天娃娃」之間看不出有實際連結。

答案其實很簡單，因為上述這些實例中的人柱皆牽涉到治理河川氾濫問題，屬於公務，因此人選上都得要政府官員直接指名。不想背負罪惡感的官員就會推託鄉里，可大家都受到良心譴責決定不了……最後要嘛抓外人（非村裡的外來客）、要嘛用抽籤等方式去決定生死，直接把責任推給命運。

日本史上的饑荒多半伴隨著地震和極端氣候異常，水患除了發生在河川中下游之外，內陸、深山地區的村落有時甚至更加嚴重，像是因水患造成的土石流的沖刷或者獵物的棲息地遷移等。接著，再從以前的紀錄來看這些地區鮮少會有官員、差役的角色，苦於知識不足，村民們又該施行何種活人獻祭？

這時就得回頭看到晴天娃娃了。

三、晴天娃娃的童謠

首先讓我們來看看童謠的歌詞：

晴天娃娃 晴娃娃　てるてる坊主 てる坊主
求你明天 要放晴　あした天気に しておくれ
就像那次 夢中天　いつかの夢の 空のよに
放晴就給 金鈴鐺　晴れたら金の鈴あげよ

晴天娃娃 晴娃娃　てるてる坊主てる坊主
求你明天 要放晴　あした天気にしておくれ
如果依我 願望做　私の願を聞いたなら
給你甜酒 喝個夠　甘いお酒をたんと飲ましょ

晴天娃娃 晴娃娃　てるてる坊主てる坊主
求你明天 要放晴　あした天気にしておくれ
若是陰雨 哭啼啼　それでも曇って泣いたなら
就把你頭 剪落地　そなたの首をチョンと切るぞ

因為直觀且容易聯想的關係，大部分的創作者會把著眼點放在最後一句「就把你（的）頭剪落地」，於是乎很多網路資料就會引用上述「和尚說」來做文章。

像筆者這種偏執狂，就得考證一下和尚的死法是否符合歷史中發生的事了。日本戰國與江戶時期，把人吊死稱作「縛首」，砍頭後展示稱作「獄門」。兩者不少見，也都帶有「示眾」的性質，也就以殺雞儆猴為前提。先不提頭砍下蓋上白布根本無法達到「示眾」的不合理行為，在這樣的條件之下大部分的示眾期間都差不多在三日內，而獄門也是三日……急著求雨停的村民、領主和所謂的天皇，真的會有耐心等這麼久嗎？

若想要以「這是村莊私下進行的人祭」、「無知村民的私刑」的這種說法增加可能性的話，我們就得往下個考證點看去。

四、是正吊，還是倒吊？

日本江戶中後期的博物學家——管江真澄，於寛正元年（一七八九年）的著作《蝦夷喧辭辯》中，表示自己在北海道南端順著西海岸往北行進到一處名為平田內（現北海道久遠郡せたな町大成区平浜）的地方時，看到這樣子的晴天娃娃（圖1）[1]。

時隔五十五年，由江戶後期的書商——萬亭賀應，針對江戶地區（現東京）的孩童遊戲作為主軸的著作《幼稚遊昔雛形》裡，看到了這樣子的晴天娃娃（圖2）。

「晴天娃娃正吊是喚晴，倒吊是求雨」的說法，兩百年前的文獻看似不適用，但十分有趣的佐證當然並非個案。

例如江戶末期針對各地風習民俗的答辯集——《諸國風俗問狀答．三河國吉田領答書》中，也提到晴天娃娃基本上得先**倒掛**才靈驗。

事實上，我們現在所知道並見過的晴天娃娃的作法和吊掛方式，都是進入到明治時期（一八六三年——一九一二年）中葉之後才完全定型。即是說，若是真有和尚被吊死做成晴天娃娃一說，那麼照民俗傳承來看他應該要先被**倒吊**起來才對。

註1出處《菅江真澄民俗図絵》上卷，岩崎美術社，一七八九年。

圖1《蝦夷喧辭辯》

圖2《幼稚遊昔雛形》

五、結尾猜想

看到這邊可能有些邏輯較強的讀者已經聞到些許味道，如還不太理解，筆者這裡幫各位統整。

綜合上述四項觀點，我們可以得知：

① 晴天娃娃的由來↓求雨停（避免水害、饑荒）
② 若不幸災禍發生↓活人獻祭
③ 晴天娃娃的童謠↓獻祭手法的真實性考證
④ 晴天娃娃正反吊↓手法施行的正確方式

以「若晴天娃娃的都市傳說為真」的前提下，照著上述一步一步簡易的堆疊，筆者推斷出的結論是這樣的雛形：

「因受到水害造成的饑荒所苦的村民，為了能夠平息神明的憤怒/作祟，便以活人獻祭、使之倒掛在樹上後將其兩斷（如圖1，將其倒掛斬首）。」

另外，晴天娃娃童謠第一段，最原先的歌詞其實是長這樣：

晴天娃娃　晴娃娃　　てるてる坊主 てる坊主
求你明天 要放晴　　あした天気に しておくれ
若是陰雨 哭啼啼　　もしも曇って 泣いてたら
望著天空 齊聲泣　　空をながめて みんな泣こう

至於最後一句的「齊聲泣」，到底是村民們對被獻祭的人感到愧疚而哭泣，還是屍體上流下的血濺到臉上讓人看起來像在哭泣……

這裡，就留給各位自己想像吧。

家族祕密

故事

這是今年五十歲過半的鴨木先生所提供的故事。

他的親人本來一等親只剩自己的媽媽，但她最近過世了。在鴨木早有記憶前爺爺就已不在人世，小時候則經歷自己的奶奶自縊，爾後爸爸也跟著西歸。

據他本人所說，自己家乍看極其普通，卻藏了不少不可見人的祕密。

聽到這麼矛盾的話一時間就來了興趣，於是便請他對我這個「外部人士」透漏一二。

於是他在三杯黃湯下肚，慢慢講了兩個故事。

其一、炸豬排

鴨木大概在五歲左右時尚與父母住在靠近城市的郊區，主要是爲了就近照顧獨居在隔壁棟的奶奶。記憶中奶奶因爲腳的狀況不好，若沒有把手或樓梯的場所，行動上都會很吃力，於是乎父母親在工作之餘也得盡快趕回家，照顧奶奶的生活起居。

除此之外，奶奶可能也因爲年紀大患有失智症，同時因爲高齡的關係，病情日漸嚴重，讓負有照顧之責的鴨木一家也喘不過氣。最終，父母親商量後認爲得聘用長期照護才能緩和家人負擔，可看到價格後發現，緩和精神負擔卻無法緩和經濟壓力，最終這又讓他們陷入了兩難。

就在某日，鴨木一如往常的看著電視時，媽媽突然向鴨木這麼問：

「媽媽……一直都在家吧？」

對於突如其來且不明所以的問題，懵懂的鴨木只是愣愣地點了點頭。

可媽媽似乎對這回頭不太滿意的樣子，於是在同一天內三不五時就對著鴨木直問同一句話。最後鴨木受不了，只好試著開口回道：

「一直都在家啊！」

媽媽聽完後似乎很滿意，露出了在奶奶的失智症狀加劇後許久未見的笑容。

隔日，奶奶就被發現陳屍在自己寢室正上方，死因是上吊自殺。

鴨木記得一家人都被警察調查詢問，可不知道爲什麼很多男警、女警在陪五歲的鴨木遊玩時，總是會問一句：

「那天晚上，媽媽有在家嗎？」

此時鴨木便會自然的回答：

「一直都在家啊！」

自那之後過了一段時間，當喪事辦得差不多、警察也終於減少到家訪問的次數後，媽媽某次一邊在廚房切著菜，又這麼問起鴨木：

「警察伯伯問了你什麼呢？」

「問媽媽有沒有在家。」

「你怎麼回呢？」

「一直都在家啊！」

「很好，那還有其他的嗎？」

在經過反覆的對話後，媽媽似乎又很滿意的回頭對著鴨木一笑說：

「我們今天吃炸豬排吧。」

其二、多一道菜

在祖母喪事過後不久，鴨木爸爸雖一如往常的上下班，可明顯生活習慣產生了巨大的轉變。

在處理完上一輩的遺產後，無緣無故居然開始抽菸酗酒，甚至染上了賭博的惡習，晚歸的事情就更不在話下了。雖然前期父母很常爲了這些事情大吵，甚至鴨木也目擊了幾次爸爸對媽媽施以暴力，可惜五歲快滿六歲的鴨木也無能爲力，只能用擁抱給媽媽安慰。

鴨木媽媽對著這樣貼心的孩子則回以擁抱，鴨木依稀也聽到媽媽的啜泣聲，但也就僅此一次而已。

之後一家人一如既往……或者說只有鴨木和媽媽試圖回到日常，爸爸的抽菸酗酒、賭博晚歸一樣都沒有少。有時候鴨木回想起來，也很佩服媽媽的耐心，可身爲孩子的他也不好插嘴。

就在某天，鴨木突然注意到不知從什麼時候開始，爸爸的餐桌前都比母子的多了一盤菜。出於好奇，便指著那盤東西向媽媽詢問：

「媽媽，那是什麼？」

「這個？啊……這是鹿肉刺身，很好吃喔！」

爸爸笑著說道，並夾了一片作勢要給鴨木。

「要吃嗎？」

「小孩子還不適合吃生食……」

「嘖……這種程度的事我很清楚……多嘴。」

看到對話又開始有點火藥味，鴨木只好閉上嘴巴不敢再多問下去。只是每次吃飯時看到爸爸總是吃得津津有味，心理感到不太平衡罷了。

好在這種表面和平、實質煎熬的日子並不算長。

鴨木上小學不久後，某日晚餐時，父親突然因爲急性腹痛被送到醫院，可是沒想到住院後過沒幾天居然就撒手人寰，之後媽媽就從繼承來的遺產和爸爸的保險金持續撫養著鴨木長大成人。

追記

聽完他說的這兩個故事的當下，或許是因為扯到對方家人的生死，身為外人的我也不好意思對故事中的一些疑點發問，只能靜靜地繼續聽他陳述著過往。

鴨木點了根菸，把菸靠在菸灰缸上繼續說道：

「其實從五歲起我就依稀記得奶奶與我媽偶有口角，可礙於奶奶年事已高，起先我媽是沒有與她計較的。可是不知怎麼，有時候奶奶講出的難聽話聽起來又不像失智症，所以常常會見到媽媽躲在房內哭泣。」他停了下來，喝了口酒。

「奶奶屍體被發現的前一晚，雖然那時我眼睛正盯著電視，但其實背後很清晰地**傳來我媽出門的聲響**。」

「你是說……」

「我很感激母親養育我成人，所以並不打算再做多餘的猜想。剩下的就交給你自行揣測吧。」

「……那真是失禮了。不過，你的父親應該就只是單純的……」

「後來在整理母親遺物的時候，我有看到我爸當初的死亡診斷書，上面寫的是『**腸道出血性大腸桿菌感染**』。」

這裡跟各位解釋幾個可能比較難以理解的要點。

一、炸豬排的意思

奶奶的死是否真為自殺，我想鴨木先生似乎早就心裡有答案，大家可以放在心裡自己想像即可。這裡主要是想跟各位解釋炸豬排一詞。

在日文中有所謂的「勝負飯」（しょうぶめし），主要是期望在考試、面試前可以順利合格、為了討吉利而吃的飯。而其中炸豬排的日文「とんかつ」（ton katsu）的後面兩個音與勝利的日文「勝つ」（katsu）同發音，因此想藉由諧音奪個好彩頭，類似於台灣的「包粽」（包中之意）。

通常對日本人來說，除特殊情況（例如愛做菜、愛吃炸豬排）之外，在家裡或在外頭，突然會想要吃炸豬排基本上都表示那個人「近期對某事有所祈願」的心態。

二、腸道出血性大腸桿菌感染

大腸桿菌為動物和人類腸道中常有的菌叢，絕大部分都是非致命性，且能幫助人體抵抗病原菌的入侵的同時亦可提供人體所需的維生素B12。

不過，出血性大腸桿菌株，不同於一般大腸桿菌的地方在於此病菌株會造成減少胃袋黏膜、造成出血發炎而引起劇烈腹痛、高頻度水瀉、血便、反胃嘔吐等嚴重症狀。如不及時就醫，甚至伴隨著併發溶血性尿毒症或腦炎等合併症狀後，導致臟器衰竭死亡。

一般情況下除非是接觸反芻動物（牛、羊、鹿等等）後不注意衛生、與帶病者直接接觸、食入受汙染的食物和水源，否則感染的可能性通常都極低，例如在台灣二〇二二年八月才出現一例。若看到衛生福利部疾病管制署的官方網頁，對於這件事也主要著眼在「民眾前往歐美等有大量畜牧業的國家旅遊時的衛生習慣」等。

有趣的是同年度二〇二二年，隔壁好鄰居日本，光東京都（人口約一千四百萬）就有三百五十例。

他們感染數奇高的最大原因，來自於他們特有的**生食文化**。

所謂的生食除了常見的生魚片外，也包含了馬肉、牛肉刺身，甚至是生內臟等等。在經過特別養殖過後的食用動物，其肉質和生內臟的風味絕非傳統菜市場內聞到的那種羶腥味，取而代之的是入口即化的口感中滲出的鮮甜餘韻，配上日本在煮炊自家國產米特有的手法而引出的米飯香氣，絕對能顛覆台灣人對於生食文化的三觀，最後若是能夠再來一口清酒，道是人間極樂也不為過。

有這樣美食文化的日本，強調養殖技術外更注重在食品衛生嚴格控管，才有這些難以被複製的東洋美食技術。

可就在二〇一一年四月二十一日起，分別在日本連鎖燒肉店「燒肉酒家惠比壽」位於富山縣、福井縣和神奈川縣等分店用餐的客人，皆發生吃了生拌牛肉和生牛肝刺身後發生食物中毒，造成嚴重的上吐下瀉和強烈後遺症等情事。經過統整歸納後，發現同一時間送急診的病患經診斷都為「腸道出血性大腸桿菌」。

最後事件在半年後平息，經統計此次食物中毒患者共一百八十一名、併發溶血性尿毒病至重症者共三十二名、經重症後死亡五名。

這也讓日本在隔年二〇一二年（平成二十四年）七月起，由厚生勞働省以迅雷不及掩耳之姿在食品衛生法中新增一條「明令禁食，禁販賣生牛肝」的法令。其給出的解釋就是因為造成腸道出血性大腸桿菌最大的感染源頭 O-157 菌株正巧都囤積在牛肝裡，要殺菌最少要加熱一分鐘以上並將牛肝中心部烹熟。

回到故事，我們無法推測鴨木的媽媽是否有混入牛肝讓他爸爸吃，但反芻類動物肉品帶有此類大腸桿菌株（其他如 O-111、O-26）的機率比起其他肉類高，這在食品衛生管理中也算公認的事實。另外內文所提的鹿肉，其血液和肝臟則多半帶有 E 型肝炎病原菌，亦是併發／造成腸道出血性大腸桿菌感染的要因之一。

至於為何鴨木的爸爸會突然併發此症，就應該不用筆者再繼續解釋了。

夢境日記

故事

麻衣子在高中時，就常常因多發性作夢，讓她覺得自己的睡眠品質一直不太好。有時候雖然睡得很沉，可醒來後總覺得疲憊感並沒有完全解消，正值升學的她主觀認定是課業壓力，於是並沒有多做琢磨。

上了大學後因爲社團和打工，接觸到來自日本各地不同地方出身的人，學著對應不同地方的風俗民情，讓其生活一口氣變得多采多姿。不過現實生活帶來的疲憊並沒有改善她的睡眠問題，於是便將這件事告訴了打工職場的女性前輩優香商量。

「妳要不要下載睡眠追蹤的 APP 看看啊？」

「嗯？那是什麼？」

「就是在妳睡覺前把這個程式打開，它便會自動錄音並記錄妳翻身的次數、打呼間隔和夢話等等。」

「記錄這些東西要幹嗎……？」

「這些信號都是間接告訴妳現在的生活習慣如何，這些小事會在不知不覺間，以很大程度干擾妳的睡眠品質，進而回頭影響妳的生活習慣。簡單說就是爲了避免惡性循環啦！」

在聽完前輩的解釋後似乎頗有道理，麻衣子歪頭想了一下，最後還是決定下載來使用看看。當晚照著應用程式裡的介紹試著操作，沒再多想便直接倒頭沉沉睡去。

翌日一早，如同往常一般，麻衣子迅速打理自己後急急忙忙地出門準備一天的行程。當晚，打工的地方在閉店前的員工休息時間，優香前輩忽然晃到麻衣子身邊問道：

「怎麼樣？」

「欸？什麼怎麼樣？」

「就是睡眠追蹤啊？昨天不是下載了，有看出什麼端倪嗎？」

這時麻衣子才想起昨晚的錄音，於是兩人找了張桌子坐了下來，接著點開音檔聽了起來。

檔案一開始錄到自己似乎在咀嚼什麼的聲音並一邊碎念著，接著只聽見睡夢中的麻衣子用喉嚨發出「呼嚕嚕嚕嚕」的聲響，吼了一聲「難吃！」，接著又沉沉睡去。

「……看來妳睡相還蠻糟的嘛……」

「天啊，也太丟臉了。」

「啊……那天晚上店長試作的員工餐確實是不怎麼好吃啦……」

自那之後，透過睡眠追蹤APP她發現自己意外地會說不少夢話，且有趣的是內容多半還都是針對當天發生的事情，自己內心真正想要吐槽的真心話。這倒是成了她與優香前輩兩人在打工的閒暇之餘，能夠開懷大笑的素材。

但總有幾道聲音甚是詭異，兩人想破頭都對這些聲音的源頭毫無頭緒。

例如有時候會聽到有東西在摩擦地板，像是有人穿著襪子的聲響，或者是打開冰箱翻動塑膠包裝的噪音。

「難不成我已經進化到會夢遊了嗎？」

「不算吧!?有時候人不是會在半夢半醒之間起床上廁所喝水，但實際上自己沒什麼記憶嗎？」

「有這種事？」

「啊……麻衣子還沒有同居經驗吧？我很常被同居的男友說，老是三更半夜坐起來發呆，然後跑去開一瓶啤酒喝個幾口又放回去，結果隔天起床時害他剛買的啤酒裡面的碳酸都直接漏光，整個變得很難喝。可是……我完全沒有記憶啊，哈哈哈哈！」

「原來是這樣啊……人體眞是不可思議呢！」

「話說妳這應該是處在大量的淺眠期，也就是REM睡眠期，這個階段特徵就是會很常亂做夢。」

「確實是這樣沒錯！」

「妳要不要試著寫寫看夢境日記？」

「夢境……日記？」

「是啊，只要每天記錄自己醒來後記得的內容就好。據說這樣搭配睡眠分析，可以把握自己的睡眠模式和品質，且也能針對可能妨礙睡眠的因素做改善。」

聽到前輩這樣建議，確實在網路上搜尋了一番後發現大部分的顯示結果都是跳出「接收潛意識的聲音」、「自我暗示」、「人格成長」等關鍵詞。反正閒著也是閒著，索性抱著試試看的心情備好日記本和筆，於此開始每天記錄自己的夢境。

一開始的幾天倒是還好，直到進入到第三天左右麻衣子突然發現，本來是亂七八糟的夢境內容漸漸地可以開始以自己的想法去控制。像是她想要去哪裡玩啦、跟誰見面啦等等。

當她越發覺得有趣的時候，卻不知從何時開始，她總是會在夢境結束前看到一個穿著帽T的人一聲不響地站在租屋處門外。

好奇心使然，她便配合著睡眠追蹤APP不斷的去記錄，並在夢中試圖與這個不知來歷的人互動。可惜不管她怎麼驅使夢境挪移，對方似乎都視她爲無物，且固定以三天一次的頻率出現在夢裡。

每次醒來後她都覺得驚魂未定。

照理來說夢到的事情應該都要如實記錄在日記本裡，可出於這個夢令麻衣子覺得太過不舒服，最後她寧願選擇遺忘這件事。

兩天後，因為期中考成績不如意而喪失食慾的麻衣子，從打工處拎著員工餐回來後便直接將之扔進冰箱，早早的就盥洗完睡了。

當晚，麻衣子又夢到這位穿著帽T的人，正當她又想嘗試去與這人搭話時，這次對方居然開門走了進來，逕自走到麻衣子的租屋處內死盯著熟睡的自己。他似乎發現麻衣子放在枕頭旁的夢境日記，於是隨手拿來簡單翻閱後便輕輕將日記放回。接著像回到自己家一樣轉身打開冰箱翻找些什麼，然後拿出她當天沒動的員工餐吃一口後，默默地在廁所待到快天亮才離開。

最可怕的是過沒多久麻衣子就真的醒了。

醒來的麻衣子直接爬到冰箱打開檢查昨晚的員工餐，還真的發現有被動過的痕跡。同時檢查睡眠分析的錄音檔也錄到廁所的開門聲、走在地毯上的腳步聲和打開冰箱的聲音。

她迅速地打理好自己後匆匆忙忙地逃到學校，找了個人多的地方坐定後，撥通電話將此事一五一十地都告訴了優香前輩。

「嗯……妳確定這不是夢嗎？」

「我很確定那天我沒動員工餐！」

「那這樣好了，不管對方是人還是鬼，妳就把後天的員工餐加點料，到時候看看會不會出什麼事如何？」

「那……我呢？」

「看妳那天介不介意來我家睡囉！」

就在與優香前輩談好後，兩天後如事前說好的計畫，麻衣子在帶回去的員工餐內加了點料，接著簡單收拾行李後便暫時住到前輩家去。

翌日當麻衣子起床後，劈頭就跟優香講了一句：

「前輩，可以幫我叫救護車嗎？」

「蛤？」

「救護車……不對，警車好了。」

這時優香臉突然「刷」地一聲，問道：

「麻衣子……妳在員工餐裡加了什麼？」

「祕密。」

爾後，優香輾轉得知麻衣子的房東莫名其妙被送醫，不久就死在急診室裡的病床上，死因是巴拉刈中毒。

麻衣子本人似乎對於這件事並沒有這麼在意，就這樣平順地大學畢業。雖然優香依然會在打工的店裡與麻衣子有說有笑，可把前面她的一些說法和她房東的死串在一起……她不由得起了一陣雞皮疙瘩。

據說麻衣子踏入社會沒多久便與公司的主管開始交往，三個月後更與男友步入禮堂，自此優香就再也沒有與她聯絡了。

第四單元

詛咒

「欸，驗證看店長講的是真是假，打那支電話看看，看電話亭會不會響。」

詛咒

詛咒的日文寫作「**呪い**」，卻分為「**Noroi**」（のろい）和「**Majinai**」（まじない）兩種完全不同的念法，當然這與日文中的音讀（接近漢字的發音）、訓讀（接近日文原本的發音）有關係，但不影響其本意。

這裡不談其他國家的文化，就只單看日本對於詛咒的概念，不論是從歷史角度抑或是語言文字的起源上，一開始都僅僅代表「**借用超越現世的力量去達成目的**」。那麼要如何去啟動詛咒？從古人的智慧中得出了需要由人去操持咒術，最終才有辦法把祈求的事物導向期望的結果。

有人這時又問了，什麼是「咒術」？

如果以日文國語字典《廣辭苑》的註解來看，指的是「有意識地驅使超自然的存在或不可知的力量，達到種種目的之行為」。用動漫的說法來譬喻大概就是：如果你需要放出**火屬性的魔法**（詛咒），你就得先構築出火屬性魔法的**術式**（咒術）。

接著，我想簡單定義一下所謂的「詛咒」。

詛咒一開始並不分好壞，如同上述所說只是為了達到某種目的而已，這在當時甚至可說是最先進的科學。只不過若這個目的開始分出善惡，這時咒術的種類就會開始在文字上和實質上被明確地區分開來。

像是到了中世紀（十一世紀前後）開始，詛咒的兩種日文念法又漸漸各有了其他的意思，如以下：

「**Majinai**（まじない）」＝正向的咒術。像是消災祈福、豐作祈願等等。

「**Noroi**（のろい）」＝負向的咒術。諸如咒殺他人、蠱毒厭魅或各類降頭。

在有了最基礎的概念之後，接著便要請各位閱讀以下故事，請自己試著去判斷看看，到底故事裡的詛咒是屬於筆者剛剛解釋的哪一種。

晴者

引言

這篇故事源自個人經驗，並非讓人膽顫心驚的那種，單純只是出於個人私心，想把這件不可思議的事件拿出來分享。

發生的時間點約是二〇一六年初左右，那時本人周旋於日本某間遊戲製作公司，汲汲營營的與各大遊戲發布平台往來，只要是能接到可稱做「生意」的基本上都承包了。

而那時某平台的對接窗口——井向勝英，是一位三十四歲，極其平凡的單身上班族。平常的愛好是下班之後到各種具有特色的酒吧，喝一杯後再回家洗洗睡，唯獨一種特殊的酒吧不去，那就是近年在次文化圈中小有名氣的怪談酒吧。

偏偏井向最近因工作認識的台灣人力邀（就是筆者），實在擋不住，死拖活拉就被我這位衰仔給拉去怪談酒吧。

井向起先認為怪談酒吧就像是虛構出來的動畫或者中二的社團同好會，類似以前的什麼「怪談餐廳」動畫那樣之類的。

當我們到了店內才發現是有點類似涉谷的「Alcatraz.R」這家主題風格的餐廳。Alcatraz.R 是一間坐落在涉谷區道玄坂上，同時具有監獄風格和精神病院元素的主題餐廳。怪談酒吧的布置沒有那麼誇張，只是在氣氛上有點類似罷了。

日本的主題餐廳最大的重點還是在跟客人互動，而怪談酒吧的固定節目就是會有怪談師在特別搭設好的講台上輪流講鬼故事……

「你到底為什麼會知道這種詭異的地方啊？是因為台灣人膽子都特別大，還是只因為你的腦袋有問題？一般來說對於幽靈妖怪之類的，照常理不是應該會有點畏懼嗎？」

之所以井向有這麼多怨言，是因為他非常排斥超自然的事物，如果是什麼UMA（未確認生物的簡稱）等等倒是會瞄個幾眼，可是牽涉到鬼、幽靈之類的，他表示自己真的無法接受。

故事

起因在於他自小就被某間神社的神主判定爲寄靈體質[1]，因此遇到靈異現象的次數也相當頻繁。

一開始感應沒這麼強的時候，僅能感覺到周遭氣氛怪怪的，卻說不出哪裡怪，直到上了中學某天晚上社團結束，跟同學把使用過的器材放到器具室後轉身離開的瞬間，很明顯地覺得後面有好幾個人的氣息。

井向當時只覺得自己想太多，可當他回過頭時發現，剛剛擺在籃框裡的籃球全部散落在地上，籃框也被踢倒在一邊。

「欸？」

「嗯？怎麼了嗎？」

井向的同學也回了頭，並對眼前的景象感到不可置信。

會這麼驚訝其實並不是籃球散在地上，而是他們剛才把東西放好離開時根本一點聲響都沒聽到，更別說籃框被踢倒、球散出來應該發出的「咚、哐」等的撞擊聲。

要不是井向回頭，兩個人大概會直接離開器具室吧！

以該事件為分水嶺，他開始更加頻繁地被鬼壓床，且鬼壓床的種類和頻率還非常誇張。簡而言之，每天相同的「壓法」不會超過三次，每晚被壓的情況不會低於五次。

光是上面那行文字筆者自己也難以理解，於是他這麼敘述了其中一天印象特別深刻的體驗：

某天晚上十一點三十五分，井向洗完澡躺在床墊上剛入睡沒多久，就感覺到有人在身旁走動。

因睡在榻榻米上的緣故，所以「那個」不知道為什麼繞著他轉圈圈走，還故意用腳摩擦出聲響，好似怕他沒發現一般。

人都會有脾氣的，累的時候遇到這種挑釁，也會不顧害怕，化暴怒為力量。於此，當他正想跳起來飆罵一波的時候，這才意識到自己動不了。

他正想睜開眼皮試圖掌握狀況，但透過眼皮的光影，他漸漸地知道發生什麼事。

他的身體左右邊不知何時各站一隻腳，完全跨在他身上，接著他明顯感覺到有張

註1　請參考第一九八頁〈追記〉「寄靈體質」說明。

臉正貼著他的臉吐氣，似乎在催促他把眼皮打開。

結束時約是晚上十二點十分左右，開了個燈環視了一下四周，實在是無可奈何，只好洗把臉之後便躺回被窩。

大概十二點四十分左右，井向正開始覺得昏昏沉沉的時候，腦袋準備要失去意識的瞬間，臉忽然像是被什麼東西掃到了。

同樣地準備睜眼看的時候，果不其然身體又不能動了。正當他心灰意冷地等待接下來的花樣時，偏偏在接下來的三十分鐘什麼事情都沒有發生，且鬼壓床的狀態就這麼解開了。

「什麼啊這是……」

井向一邊嘟囔著一邊將身體撐起來，不經意地以眼角瞄到了廁所的燈是亮著的。以爲是自己忘了關的他正準備起身時，廁所的燈「啪」地一聲熄滅了。

聽到這裡的筆者認爲這已經不是什麼鬼壓床，完完全全就是鬧鬼模式。

或許井向本人當下也這麼認爲，於是馬上跳了起來把房內所有的燈打開，戰戰兢兢的靠近廁所。門推開後想當然爾什麼都沒有，但是洗手台上的鏡子中，照出一臉疲憊的自己，還有一個看不到臉的長髮女生。

井向大叫一聲，往旁邊一跌後定睛一看，果然一切都是幻覺。

這樣根本睡不了，最後只好出門去常去的百元便利商店買了個酒和小菜回到房間，配著深夜尚未收播的破爛節目休息了一下，抽了兩三根菸後準備再度進入睡眠模式，時間約是凌晨三點左右。

可能是酒精達到了放鬆效果，井向躺下去後雖然依稀覺得垃圾桶裡的酒罐似乎響起了被捏扁的聲音外，冰箱那頭似乎也透露出微微一盞光線。

不久鼻子聞到了些許菸味，讓他一度以爲自己的菸沒有熄完全，只是想到自己的菸灰缸是封蓋式，且裡面還有一點水，便不以爲意地繼續睡下去。

不知道過了多久時間，睡夢中突然聽到門鎖「咖」的一聲，嚇得井向跳了起來。以爲是遭小偷，井向隨手就拿了應酬用的高爾夫球桿往玄關靠去。檢查了一下發現門鎖是鎖好的，心裡馬上有底是怎麼回事，同時沒來由地感覺門外似乎有人在。

他遂想透過貓眼……

母湯！

「恐怖片都是透過貓眼看到奇怪的東西。」他自以為聰明的想道。

於是小心翼翼地蹲下來想透過郵件投遞的縫來觀察。

沒想到他看到了一雙眼睛。

井向想也沒想就站了起來，把鍊鎖扣上直接轉身回房睡了。

日語中常常有使用「眼神死」來表現一個人幾乎處於半放棄的狀態，我還是頭一次能夠清楚的在一個人的敘述對話中，強烈感受到這個字的意涵。

畢竟單一夜晚就發生了這麼多的事，就算精神是鐵打的也難以招架吧！

那天之後又過了兩天，下班回家途中井向經過了那家常去的百元便利商店時，店員Ａ冷不防地講了一句：

「你沒帶女朋友來啊？」

井向一頭霧水，自己什麼時候交了女朋友連自己都不知道。

接著店員Ａ又繼續說：

「雖然沒看到臉，從背影來看是位很有氣質的女性呢！」

當井向正要開口解釋時，另一個店員Ｂ突然插嘴說：

「那個不是井向先生吧？」

「欸？」

「我記得井向先生沒有女朋友啊？」

井向聽了點了點頭，雖然覺得很開心有人替自己澄清但又頓時覺得有點悲傷。

「怎麼會？可是……井向先生您前天凌晨兩點左右有來吧？」

井向毫不猶豫的稱是，這時反而是店員Ｂ一頭霧水了。

「那天井向先生您有穿西裝嗎？還是眞的交女朋友了啊？」

西裝？又不是剛下班誰會爲了去便利商店穿西裝？

「等等……」井向舉起手停下了兩邊的猜測。

「你們會不會認錯人了？」

店員Ａ、Ｂ愣了一下，笑了出來。

「拜託，別開玩笑了好嗎？哈哈哈哈！」

「當天只有您一個人，我們又認識這麼久了哪還有可能認錯人啊，哈哈哈。」

確實，這兩位店員從井向搬來這裡沒多久後與他認識至今也將近三年，要說看錯人的機率實在小之又小，那麼當天店員Ａ到底看到誰了呢？

最後還是沒有結論。這件事也就這樣不了了之。

一開始我還以爲他住到什麼凶宅之類的。可這種情況據他本人所說是從中學時期之後，也就是從老家Ｓ縣開始一直到東京都在現在進行式的事情，應該與住在哪裡並無太大關係。

總之對於這樣的故事，當時從井向本人聽到的時候雖然覺得很新鮮，但筆者我本人打從心裡是不信的。

最大的關鍵在於，井向的靈異體驗過程中，發現其實除了晚上睡眠被打擾之外，這些所謂的「幽靈」、「鬼怪」並沒有對井向造成任何實質傷害。甚至他所講的一些其他版本的鬼壓床聽起來都千篇一律，因此筆者（當時）非常自以爲是的在內心下了一個「職場壓力症候群」的結論。

某次工作上必須和他聯絡時，他的同事代爲回應我。

出於對接窗口的交情便關心地詢問了井向的狀況，萬萬沒想到這傢伙居然住院了。

「是生病了嗎？」

「聽說是從樓梯上摔下來，大腿整個骨折了。」

我打聽到了井向的醫院後，不免俗地買了哈密瓜去探望他，這也是人生第一次花這麼多錢買哈密瓜，算是讓我知道日劇演的不見得都是騙人的。

推開病房門後，井向看到是我似乎有點開心，氣色意外地比起平時好上不少。

「什麼時候發生的事啊？現在狀態如何？」

「還不錯，雖然腿不能動，可是睡眠品質反而好多了。」

「用一隻腳換來的，值得嗎？」

「我覺得很值得，哈哈哈，再過不久應該就可以睡得更好了吧！」

「喔？什麼意思？」

這句話中似乎漂著什麼意味，便順勢這麼問道。

「我似乎找到可解決的辦法了。」

「解決的辦法？什麼意思？」

井向沒多說，順手打開床邊置物用小櫃子的第一層抽屜拿出了一個御守。

說實話我也不是沒看過御守，只不過這御守明顯不太一樣。

首先外觀整體還算漂亮，搭配上黑色的布加上鑲上一點點類似絲綢的金邊，對男生來說可算是非常有吸引力。

我接過來後在手中仔細端倪起來。

「恩？奇怪，怎麼什麼字都沒有？」

照理來說御守理應會有安產順利、心願成就等字樣，要嘛最少會有御守二字。可這御守除了六芒星的圖樣之外，外觀上來講更像一個精緻的籤囊。

「你在哪買的？」

「不是買的，是人家送的。」

「喔喔，女孩……女生會送黑色的御守……嗎？」

「不是，是男的。」井向白了我一眼回道。

「咳嗯，那所以那個男人為什麼要送你這個御守？」

「這話就說來有趣了。」

井向突然振奮了起來，立起身子開始娓娓說起了這幾天遇到的事情始末。

大概是入院的一個禮拜前所發生的事情，老問題（寄靈體質）的關係一直睡不好，加上又遇上炎炎夏日，心情更顯煩躁。於是井向索性與公司臨時請了三天假，當天離開公司回家整理好行囊，便頭也不回的搭上深夜巴士往大阪行去。

反正晚上怎樣都睡不好，他就想說試著跑遠一點看看，加上巴士一直在行駛中，引擎聲加上旁邊乘客的鼾聲，總不可能還會有什麼奇怪的事吧？

也確實如他所想，一路平穩的到了大阪。

只是他似乎覺得與東京那種大都會的氣氛相去不遠，於是他又馬上跳上往奈良的電車。可能因在車上睡得平穩，到了關西地區的井向可說是生龍活虎。

隨處晃了一下後問當地人有什麼好玩的，剛好被告知朱雀門廣場在舉行天平祭[2]，井向也就搖頭晃腦的往那移動。

就在他沉浸在愉快的旅遊情緒之中時，突然有隻粗壯的手按住了井向肩膀。轉頭一看，發現有位穿著近乎是上世代茶色西裝、身高超過一米九左右的高大男人，正直愣愣地盯著他。

「不好意思，我必須耽誤一下。」對方首先開口說道。

聲音是隨處都能聽到的那種低沉的類型，倒是說話的方式卻讓人很不舒服。除了語氣部分外，主要還是那股語調沒有抑揚頓挫而令人費解，甚至讓人生理上會不自覺抗拒，一度讓井向非常不想與這個男人接觸。

出於禮貌，他還是問了對方有何貴幹，想不到又是一句令人無法理解的話：

「爲什麼你身上有一個洞？」

「什麼？」

男人的眼睛落在井向的臉上停了好一陣子，又不像眞的在看井向。

過了一下子，他再度發出那種令人不舒服的語調開口說道：

「一開始我以爲這裡有靈道，結果沒想到是一個人。」

「對不起，請問一下你從剛才開始是在說些什麼？不覺得有點失禮嗎？」

話聲剛落，他這才感覺對方的眼睛有真正對到視線上。

「反正你也不會信。」他說著，邊從口袋掏出御守塞進井向手中。

「你不想莫名其妙死掉的話，拿著。」

「蛤？」

說真的聽到第一次見面的陌生人，是位中年男子不說，還一開口沒幾句就咒你會死，真的是有夠讓人惱火。

接下來他無視井向越來越臭的臉色，繼續說道：

「晚上睡不好吧？」

「所以呢？」

聽到關鍵字的井向確實是有點動搖了。

但心想說應該是臉色不好被看出來，因此並沒有將多餘的情緒擺在臉上。

「我還有其他的事，沒辦法花太多時間解決你的問題，總之你先拿著，時效快過了我會來找你。」

註2　請參考第一九九頁〈追記〉「天平祭」說明。

「話說你到現在還沒有自我介紹，你到底是誰？」

「晴者（ハレモノ，haremono）。」

說完，對方就快速消失在人群裡了。

當天晚上他挑了近奈良車站附近的飯店落腳，本來還想說應該又會有什麼奇怪的鬼壓床，心理上也做好準備，結果卻出乎意料的好睡。

在關西的兩個晚上都是一樣，從來沒睡過這麼安穩的覺。

在放鬆的這三天後回到東京，好沒多久不到一個禮拜，就從車站出站口那的樓梯直接摔了下來。雖說是不小心，井向總覺得那時就像是被人從後面推了一把，而這又是一個他自己也說不上來是什麼感覺的新體驗。

「哇，照你這樣說這段小旅行反而是你人生中最快樂的時光了？」

「可以不要講的好像我已經那個了好嗎？」

「那麼你在醫院這幾天睡得還好嗎？」

「睡的超好，所以我在想是不是因爲這個御守的關係。」

我們同時看向繡有金邊六芒星圖案的御守，同時若有所思的「嗯」了一聲。

「你想說這御守……用你一條腿換你一陣子的好眠嗎？」

「台灣人的思考方式都像DC宇宙這麼黑暗嗎？」

「不是啊大哥，照我們剛才對話的走向來看不就這個結論嗎？」

「事實上，進醫院之後還有發生一些事。」

接著井向又開始跟我說起，當他頭腦清醒睡在醫院第一晚的事。

當然他是沒有自己被搬運到病床上的記憶，不過在意識回復之後的第一個晚上，那種討厭的感覺似乎又回來了。

腦袋才剛跳出「病房外面是不是一直有人站著」的念想，果不其然，隨之而來的就是有道黑影出現在了病房門外上的毛玻璃。

心裡默默做好準備，大概又要被折騰一晚的時候，那道黑影就消失不見了……也不是真的消失，而是像冰淇淋一樣融化在門上。剩下的部分，等到早晨太陽光打進來後就整個化做一攤水霧。

從那之後每晚一定會有黑影出現，接著就會在門外停頓一下並嘗試著想要進病房，最後落得融化在門上的下場。

大概在第四天左右井向發現他們似乎被什麼擋在外面根本進不來，後來便放心的睡下去。

對話進行到這裡，原先以爲那個御守是什麼詛咒之物的我已經被他說服。甚至順著他的敘述，自行想像以黑色御守爲中心張開一個結界，保護著井向所在的病房，且將他之前所遇到或被吸引過來的靈給溶解在外頭。

當下看他這樣其實心裡已經覺得故事告一段落了，於是後來跟他隨意寒暄了一下之後，人便離開了。

「晴者」這篇故事原先的結尾，大概就是到此爲止。

但接下來開始的故事，算是以筆者個人角度出發。

在我回家的路上一邊構思要怎麼把這故事寫出來發上網路，一邊構思文章脈絡時，越覺得事情沒有這麼單純，並沒有澈底解決。

忽地想起，如果只靠御守的效果不過也就一年[3]罷了。

在那之後又會發生什麼呢？

另外，那個男人有講過「時效」過後就會去找井向，以故事性來講當然有發生是最好，但現實中這種事情又有多少可能性？

其次，「晴者」又是什麼意思？

最讓人在意的還是那個沒有繡上任何文字的御守，可能本人去過日本地方不夠多，又或許是小弟才疏學淺也說不定，若非親眼所見還真不知道日本有哪間神社賣的御守是以六芒星代替文字繡在上面。

想到這裡總覺得這篇文章材料並沒有想像中這麼齊全，總之自己先把「晴者」到此為止的脈絡給理完，將網路上的發文順序排在了其他恐怖實話之後。

到時候看結果如何再臨機應變好了，後來在網路上發完這篇文章後過了一段時間也沒有什麼進展，因此念頭一轉，讓「晴者」這篇文章斷在上篇也未嘗不好。

也正因為如此說服自己，想當然爾隨著時間推移就完全忘了這回事。

二〇一七年末前後，我打算把日本的工作辭掉回台。

算一算距離上次跟井向連絡的時間，前前後後差不多快一年了吧!?

一瞬間腦中想起了「時效」兩字，有個衝動想打給井向問他後續如何，可礙於沒頭沒腦直接問這種事過於唐突，於是便邀了他喝個酒敘敘舊，對方也很乾脆地答應了。

再見到他時，氣氛顯然已經與之前不同。

註3　請參考第一九九頁〈追記〉「一年效期」說明。

我也不知道到底這個「不同」具體是什麼感覺，文字形容不太出來，亦無法判定是好是壞，唯一可以看出來的就是比起以前更有活力了。

至少在主觀上來說，有活力應該是好事吧？

「唷，好久不見啊井向，最近如何啊？」

「很好啊，聽說你準備辭職回台灣了啊？」

「是啊，這邊職場其實沒想像中這麼美好，回台灣會比較舒服一點。」

各自述說著自己職場的蠢人蠢事，哀嘆社會不景氣、抱怨人情冷暖，兩個人的對話一直處在不溫不火的狀態，宛如日劇中兩名上班族在下班後趕到居酒屋，喝酒互吐苦水的風景圖。

隨著黃湯下肚，兩人聊的話題依然亂七八糟，當時我也幾乎忘記要詢問有關於「御守」或是「時效」的事情，就在此時不知出於什麼緣故，井向拋出了一句話：

「對了，一直想跟你說來著，之前跟你講的御守……」

聽到這個關鍵字之後，倏地剛喝下去的酒精瞬間消散了一大半。

「前陣子突然失效了。」

「呃，那怎麼辦？」

「還記得在奈良我遇到的那個自稱『晴者』的人嗎？」

我點了點頭，看向井向時發現他的眼神已經完全變了。不再是之前在醫院談到遇到怪人時的那種苦笑，反而流露出一種遇到人生救世主一般的信賴感。

「御守失效的隔一天，我就在大久保站前遇到他了。」

「喔……所以是什麼宗教勸誘活動之類的是嗎？」

「不是啦，簡單跟你說，晴者是他們職業的統稱。」

「職業？」

「嗯，簡單來說，他們是專門吞食詛咒的人。」

「吞食……詛咒？……認真？」

「是啊，起初我也不太想相信啦……」

「相信的契機呢？」

於是，井向便又與我講述起他在車站「巧遇」晴者的情況。

在他又被久違地被鬼壓床等異常現象所困擾著的翌日清早，站在電車月台上發呆的井向心裡正盤算著是否要再去一趟關西賭賭運氣，看是否有其他的解決辦法時，突然沒來由地打起冷顫。

環視一周後他發現不遠處有道視線正不斷投射而來，仔細一看……那不正是自稱晴者的男人嗎？

正這麼想著，沒一眨眼的工夫那個男人就來到身前。

「你身上依舊是一個洞，可憐哪。」

他也維持著當初見到時那副鬼態度，劈頭就是這麼給他一句話。

「所以說，洞到底是什麼意思？」

「簡單講，你的身體被人家當作媒介開了一條靈道。」

「什麼!?」

「換個地方說吧。」

井向就像被催眠般，當下居然完全忘記要上班這回事，竟傻傻地跟著前面的人東繞西轉，最後進了一家從來沒有印象的咖啡廳。

咖啡廳就像一般連鎖店那種，詭異地是裡面卻沒半個客人，連店員都不曾出現過。

之後他找了個位子坐了下來，便又是直接問了一句：

「你有這個洞多久了？」

「我也不太懂你說的洞，或是靈道是什麼啦……你是說這個現象嗎？大概小時候吧……」

「不可能！」語畢，他眼睛詭異地轉了一圈，接下來說道：

「你似乎在出生前靈魂的一部分被拿去獻給蠱穢，而召喚了陰間的什麼，然後爲了補足你身體裡殘缺的靈魂，莫名形成了一條非正規的靈道。」

講眞的，井向是有聽沒有懂。

唯一清楚的是，抗拒聽對方陳述的心情非常明確，畢竟通常遇到這種可疑的事情會直接甩頭就走才對，但可能是因爲心裡某處認爲他說的是正確，所以硬是把自己的屁股按死在座位上。

「唔，也不是大不了的事就是了。」他邊說著邊拿出六芒星圖案的御守。

「現在有兩種處理方式……拿著這個御守，或者讓我處理。」

「處理……？這有辦法解決嗎？」

那個男人不知道是不是因爲有情緒波動，瞳孔突然細微的顫動了起來，表情依然還是維持著撲克臉，開口回道：

「靈道不關，將會侵蝕你的靈魂，御守接下來的效果也不會多好。」

「那你所謂的解決方法呢？」

「把你身上從以前殘留到現在的穢讓我吞食就行了。話說在前，吞食之後原先在你身上的那條靈道就會消失，也不會產生你所謂的『寄靈』現象，只不過畢竟靈魂還是少一部分，你想要就這麼生活下去也無所謂，或者……你想成爲我們的一分子，把其他穢變成自己的一部分。」

「不管怎麼樣，你就把這個所謂的蟲之穢吃了吧，之後的事情之後再說。」

當下井向也沒多想，隨口這麼說了出來，甚至連需不需要收錢都忘記詢問。

自稱晴者的男人沒說什麼，看向井向的眼神又讓他回憶起在奈良遇到他的那天。雖然他是直視著井向的眼睛，瞳孔似乎詭異地直接穿過軀體看著後面的什麼東西似的，讓井向如坐針氈。

倏地，那間咖啡廳所有的燈光突然暗了下來。

有趣的是明明是早上，井向卻連一點有陽光的記憶都沒有。不久隱約聽到很多人不斷在咒罵著，接著變成哭泣，最後尖叫。

似乎途中有什麼人（或東西）想逃跑，可就像被萬有引力一樣地拖著回到了座位的對面，聽見一陣類似咀嚼、吞嚥的聲音後，咖啡廳的全景又很快地映在眼簾上。

至於後來如何與晴者分別、後面兩人說了什麼，井向並沒有再闡述下去。

「眞的假的啦……」我笑著，喝了一口擺在前面的琴湯尼。

怎麼聽起來跟日本的網路故事或者是手機上那種鬼故事ＡＰＰ裡面會有的模式有近乎八十七趴的既視感啊!?

可我心裡這樣想也無法當面吐槽，於是還是這麼問井向：

「那，自那之後晚上睡覺也不會有什麼寄靈現象之類的事情發生囉？」

「當然啊，這三十幾年的症頭一次根除，簡直神清氣爽。」

「哈哈哈，那還眞是可喜可賀啊……」

「你是不是認爲我在跟你開玩笑？」

突然井向用著奇怪語調的日文，冷不防地說了這麼一句。

確實，個人是對這個故事保持著半信半疑的。

哪怕再怎麼喜歡恐怖故事，自己心裡還是覺得井向的「體驗談」聽起來說服力趨近於零。可這種話實在沒辦法當著本人的面說出口，於是還是隨口這麼回應：

「不，我信啊。畢竟你本人都說寄靈體質沒了，也沒什麼理由懷疑你就是了，只不過那位晴者所說的，你靈魂少掉的那一部分怎麼辦？有什麼影響嘛？」

聽到回答後，井向似乎很滿意的笑了笑，便針對提問沉思了一會說：

「唔……我個人是沒有什麼太大的後遺症就是了……至少這陣子是這麼覺得啦，真要說的話，反而是之後才更令人期待呢！」

井向笑了一下，刷刷的又拿起放在旁邊的平板開始點起酒。

「總之呢，對像你這樣喜歡不可思議故事的人來說，還不錯吧？你就當作消遣消遣聽聽就好，你下杯要喝什麼酒？」

「這嘛～確實是如此啦……」

這個話題在當天是屬於皆大歡喜的。

井向換話題的時候，筆者也就沒再根據這個話題繼續深究原因，且後續也跟他連續了三攤，其中他也沒有任何異常。

在個人看來，討厭這種話題的井向，居然可以用若無其事的態度把他自己之前所排斥的一些東西拿出來侃侃而談，莫不是一大進步。哪怕這個晴者聽起來縱然感覺又可疑又像邪教，只要井向本人認爲問題有解決，後續應該也不會嚴重到哪裡去。

接著時間來到了二〇一九年年初，正在台灣準備考日語導遊執照的筆者，找到些空檔時間，趁著閒暇之餘到日本去辦一些還未處理完的手續（例如手機解約、銀行戶頭等等），順便去觀光，放鬆身心。

說是觀光，倒不如說有點像是舊地重遊一樣，只是稍微把當時在日本工作時記憶深刻的地方繞了一遍罷了。

當我從西武新宿線往新大久保方向走時，依稀看到了一道熟悉的身影，突兀的站在車站的北向出口，像是在等人一樣。

其實當下我是想不起來眼前這人是誰的，不過當我走近的時候這才驚呼了一聲

「欸!? 井向？」

那人緩緩的轉過頭來瞄了我一眼，沒有什麼驚訝表情。

「是你啊？」

「喔~怎麼樣，過得好嗎？還不錯吧？」

「嗯，當然。」

他的態度給我感覺好像不太熱情，定睛看了井向之後，發現雖然穿著西裝卻不是太正式的那種，不但沒有領帶，也非帶領襯衫。加上年初日本的氣溫並不高，他連一件西裝大衣都沒披，更別談圍巾了。說是剛下班等同事去喝酒，似乎說不太過去。

「你在等人嗎？感覺好像很忙。」

「嗯，差不多了。」

話因剛落，車站裡陸續走出了剛到站的乘客。

井向也沒跟我打招呼，便直接甩頭走向從車站出來的其中一個年輕女性。而那年輕女性似乎很驚訝井向出現在那，但那種驚訝反而像是遇見熟人那樣。

只見井向一邊拿出了似曾相識的御守，一邊不知道跟那女生說了什麼之後，那女生就跟著井向走了。

當下雖然沒有多想，出於好奇還是稍為保留一點距離跟在他們後面。

眼看著他們走進車站出來左手邊一個地下通道，我跟著轉了進去，卻此時他們就像憑空消失一般，已經看不到他們的身影。

後來我曾試著打井向的手機，當然已經是空號。

追記

首先解釋一下內文中的名詞。

一、寄靈體質？

為何筆者在這個單字旁加了一個問號？其實一開始在網路上時我個人是這麼註解的：

「簡單說類似靈異體質，精確一點是『容易吸引靈靠過來的體質』。這個字其實一般來講不太會使用，因為如果在日文中單純要表達很容易感覺的到，會說『靈感很強（霊感が強い）』，但是寄靈這個字，通常表示已經不僅是感覺的到，還會頻繁的參與靈動現象的體質。」

當時在聽井向說的時候，筆者聽到「寄靈」二字發音是「きょれい」（kyo-rei）、因為純聽力並沒有漢字，實際上經過查找後發現並沒有相關單字的用法和寫法。

直到後續在蒐集日本怪談時，為了考察故事背後的原因，大量閱讀文獻後發現一個字——「虛靈」，其發音與上述相同之外，重點是註解：

「被天授予靈妙之德性，哪怕內心空洞，其知覺亦靈妙不可言。」可能更與故事內文較為契合。或許從一開始就並非「寄靈體質」，而是「虛靈體質」才對。

二、天平祭

奈良市觀光協會為了推廣奈良時代作為首都「平城京」的天平文化，在當地平城宮跡（即平城宮的遺跡）這個地方舉辦的一個祭典之一。

有趣的地方在於，祭典時所穿著的服裝並不是和服，而是被稱為「天平衣裝」的類唐裝。

三、一年效期

別說觀光客，日本人可能自己也不是很清楚，在神社求的御守哪怕就算有經過特別加持之類，其效力大約都只有一年左右的時間，沒有保固，效力過了請拿回原廠燒掉重新購買新品。

蒐集日本的怪談故事是自己長久以來的習慣，因為這個故事屬於親身經歷，對於令人感到疑惑的部分只能私下騰出時間不斷就故事內容去翻閱各種書籍文獻資料。在經過兩年多的推敲，我統整出連自己都會發笑，卻是目前為止最符合故事邏輯的結論。

四、六芒星

五芒星常被拿來說是日本著名大陰陽師——安倍晴明的代表，又被稱作「晴明印」。在某些神社的鳥居上（特別是關西地區）都會掛上五芒星來表示該處受安倍晴明庇佑。

他最知名的對手「蘆屋道滿」則是以九字桔梗印和六芒星為代表。乍看之下雖不相同，原理卻是一樣的，即「將妖魔困在交錯的陣中」概念。

日本最著名的童謠「籠中鳥」（かごめかごめ）很常被認為是咒術一說便是從此而來。而在傳說中蘆屋道滿雖作為安倍晴明的對手，只是在某些民話傳承和藝能創作中，並非完全被視為反派角色，例如日本歌舞伎，淨琉璃中的著名劇本〈蘆屋道滿大內鑑〉中就被描繪成善人像。

曾有一說，安倍晴明是在表面上替朝廷做事，暗地裡無法抽身處理事情時則交由道滿來對應，或許可說蘆屋道滿是朝廷的暗部也不無可能。

五、晴者

首先推敲晴者是誰之前，必須要知道以下的概念。

晴者讀音「ハレ」（hare）、「ケ」（ke）、「ケガレ」（kegare）扼要說明一下：

→hare（晴／はれ）即為「非日常」，但屬於正向的用詞，例如平日不會舉辦的「淨化儀式」。

→ke（気／け）則表示「日常生活」，包含食衣住行等等，以ke為發音的日常生活用語也非常多。

→kegare（穢／けがれ）即ke因某種原由「喪失了活力、生氣」（枯れる／kareru）。

所以所謂的「晴者」或許在此可解釋為「舉行儀式（淨化）之人」。

淨化一詞最常見的意涵為「回到日常」，以筆者大學時期所修的民俗學老師的解釋，就是透過某種手段或儀式來預防或者使罕見的事消失，讓生活歸於平淡都可以稱做「晴」。例如：

①過年大家都會拿**壓歲錢守歲**，你收了紅包，然後玩過通宵。

②冬至到了，家裡人開始**煮起湯圓**，說**吃湯圓長一歲**。

當然「壓歲錢守歲」、「吃湯圓」都是有確切源由的，各位可以在網路上搜尋一下。

仔細端倪，會發現這些都只是小手段而已，沒有什麼浩浩蕩蕩的百人祭典，也沒有神主司祭主持一切，只要所有人在特定的時間從事「避免使之受到負面影響」即為「晴」。

這個民俗信仰，一般被認為是從奈良時代後期或平安時代初期由中國（中土大唐）傳入到日本，也就是透過所謂的遣唐使。而安倍晴明和蘆屋道滿大概是在平安時代中後期的人物，以時間軸來看當時應該已普遍接受該文化。

那麼晴者，會不會是蘆屋道滿所創造出的暗部組織呢？

個人推論

不可否認這些說法帶有濃厚的奇幻色彩。可是筆者還是必須說，這些也是基於自己找出來的資料（如以上註解和追記）所歸納出的結論罷了。

①所謂的黑色御守加上六芒星，在古時候是一種結界。

曾有傳言說古時候的陰陽術除了單純的天象學或風水學之外，其中還融合了許多從中國傳來的道教方術和本土密法等等。

另外，若簡單考察一下御守的起源，會發現其中一說是平安時代的貴族因有些有名的神社寺廟距離過於遙遠，因此將祈求回來的神明之分靈或法器放在稱為「懸守」（かけまもり）的袋子裡從而流行開來。

②井向的靈魂因為某種原因被某人（可能是父母、家人）所獻祭，因而形成了某種穢（kegare）。

說到獻祭就不能忽略掉舉行獻祭的儀式，而儀式中必然有所謂的咒術或咒文。

筆者從近代民俗學一路追到《西宮記》、《日本三代實錄》甚至是《延喜式》

等記述平安時代中期有關於宮廷禮法相關的文獻時，發現所謂的咒術主要都是出現在一般生老病死、冠婚葬祭或祭祀先祖神靈的儀式之中。

可屏除一開始咒術所代表的用途（如上述祈雨、祭神等），其中不乏害人、獻祭的咒法存在。例如日本歷史中第一本參考唐朝所編撰而成的法典《大寶律令》中明令紀載：

「勅、內外文武百官及天下百姓、有學習異端、蓄積幻術、壓魅呪咀、害傷百物者、首斬從流……（略）」

我們無法確定井向身上的是哪種穢，但依照歷史文獻記載的淨化儀式中所使用的「呪術」（蠱物／まじもの）裡，除了淨化的用途外亦如上述所提，不排除真的有所謂的「害傷百物」等手段存在，而這也間接地提供我們一個神祕的想像空間。

③以故事脈絡來看，大概是井向身上所產生的穢連接著陰間，才間接將晴者吸引而來。

之所以這樣說，是因為「靈道」一詞。

以先前的故事所描述，靈道就是「死者進出陰陽兩界的通路和道路」。通常以日本的風水學、神祕學來說，有靈道通過的只會是「地點」，這些地點也會隨之帶來穢氣，如故事中靈道連接在人身上的事情可說是前所未聞。

先不論可能性，若以之為前提談及井向身上的「穢」的來源，要說是咒術所產生，倒不如說從陰間所散發出的可能性又更大了些。

日本神話《古事記》中伊邪那岐為了見已故的妻子伊邪那美，遠赴黃泉國（陰間，即常世）逃回現世後，為了將常世帶回來的穢（晦氣）去除，也做了類似「晴」的行為，表示**陰間帶有穢這種概念是確實存在的**。

回到推論，井向被直到現代還存在的暗部——晴者給找到，將異常的靈道以吞噬的方式封印後，原先靈魂的空洞以他人（也可能是某未知事物）的穢來填補。

有些網路上的讀者認為井向可能被晴者所取代，老實講筆者也不確定，倒是可以確定的是這個人確確實實是再也聯絡不上了。

結論不管是否為筆者自己的腦補，但我不打算追根究底地去找井向。至於晴者之所以會出現在奈良的天平祭上，哪怕天平祭並非什麼傳承悠久的文化活動，個人認為比起其他日本祭典來說，穿著天平衣裝在朱雀門廣場的日本人在某種角度看或許更接近晴者的時代吧！

單子血脈

故事

取得這篇故事也將近十年以前，地點一樣是自己在日本時常去的居酒屋。取材對象是位年約將近四十歲後半、於某間企業擔任高級幹部的寺田（てらだ）先生。

他並不是常客，而是單純因爲路過並感受到特有的溫馨氣氛而進來看看，當然店內常客也是熱烈歡迎他，一起喝酒閒聊著。

記得當時談到了結婚生子的事，寺田表示自己是不婚派，應該說與其說是不婚，倒不如說寺田先生的講法比較像是強調自己「不生孩子」。

「是因爲不想要小孩嗎？」

「不，單純是不能要。」

「因爲健康方面……的緣故嗎？」

「該怎麼說呢……應該會很難令人相信吧！」

「什麼東西？真是讓人好奇起來了，您可以說說看。」

「我的家族血脈基本上一定會生男孩子，但男孩子出生後爸爸一定會死。」

聽到這裡大家都傻了眼，本來氣氛活絡的居酒屋瞬間只剩電視機傳來的聲響。

雖然不久後馬上就有人順著「家族」這個詞把話題導向自己，再延伸出去給他人，但那個沉默還是讓在場眾人感覺他並沒有在開玩笑。

嗅到怪談味道的我，後面便大著膽子戰戰兢兢地再次請教寺田先生關於他家系的問題。

據寺田所說，小時候母親就很常告誡他千萬不能結婚。那時他還小，以為母親是單親媽媽的緣故，對於婚姻有較多負面想法的緣故。可等到國中之後，從不能結婚變成了「一定要戴套」。

同樣地，那時正值青春期的寺田認為母親是為了教導正確的健康教育，並沒有特別放在心上，直到他在國三那年第一次帶女友回家。

媽媽劈頭問的第一句話是「你有戴保險套嗎？」

寺田回說沒有，接著便是一巴掌呼了過來。

那時被打得不明所以的寺田，對於從小到大從來沒有動手打過自己的媽媽，突如其來的舉動感到非常不可思議。憤怒的同時，寺田的母親似乎也察覺到自己的失態，便哭著抱著寺田頻頻說著對不起。

看到大哭的母親，氣頭上的寺田更是覺得無法理解。不管如何，自此以後為了讓母親安心，他以後一律堅持安全性行為，而這也讓漸漸成人的寺田認為是母親的教育造成的好影響，並引以為豪。

二十六歲那年，寺田於現在的公司事業正平步青雲，且與那時的女友正論及婚嫁，每天沉浸在要生幾胎的小確幸裡。就在男女雙方準備好，先行與寺田母親見面時，母親並沒有對兩人準備結婚這件事表現出什麼反應，只是淡淡地問說：

「要生孩子嗎？」

當天的氣氛其實還算ＯＫ，眼見母親似乎對女友也頗為滿意，所以便沒多想的講出了以後的育嬰計畫。

聽完後母親便莫名其妙地問道：

「如果孩子一出生你就會死，你還願意生嗎？」

「什麼……意思？」

「就是字面上的意思，生了孩子你就會死。」

「這如果是玩笑的話一點都不好笑……」

「你不想回答的話，那麼就讓友子回答吧！」

寺田母親看向那時的女友，並神色嚴肅的重複了這個問題。而女友對於這樣近似丈二金剛摸不著腦袋的問題一時間也回答不上來，只好愣愣地看向寺田。此時寺田對於這樣亂七八糟的提問感到有點惱怒，寺田母親接著更是丟了一句：

「你爸就是因爲我硬是要生下你，所以才死的。」

「……妳現在是在跟我說，我不應該出生的意思嗎？」

「不是，我只是在跟你們陳述事實。」

故事聽到這裡，當時對於日本怪談的世界觀還沒完全架構起來的我簡直是開了眼界，縱然爾後回頭一想這就是亞洲地區對家系直接下詛咒的一個範例，卻還是因此而感到背脊一陣發涼。

回到寺田身上，信奉科學主義的他從母親口中聽到這種荒謬的事情當然是無法接受的，不過後來冷靜下來仔細回憶後，似乎也不是完全無跡可尋。

畢竟老家裡掛著爸爸、爺爺和祖父輩以上的遺照，從照片上來看每個人幾乎都非常年輕。可對於父輩的死因，母輩永遠都是用「心肌梗塞」做回應。

最後寺田靜下心來與母親促膝長談，才終於從母親口中得知父親死亡的全貌。當時懷有寺田的時候，父親只是要寺田媽媽將肚裡的孩子打掉。詢問原因的時候，父親把家系裡「一定會生男丁，代價是男性一定會死」這件事告訴寺田母親。母親聽到的當下與一般人一樣，單純認爲父親就是一個渣男，滿腔怨氣的大罵一陣，頭一扭與其斷絕關係後便遠走高飛。

直至後來生下寺田不久，寺田家的母輩才終於從雙方的共通友人找到了母親。基於母性本能一開始以爲是來搶孩子之類的，沒想到寺田的奶奶只是娓娓地與母親解釋起這七個多月以來寺田的父親是怎麼死的。

從斷絕關係後，寺田父親的身體每況愈下，縱然有去醫院檢查可是根本找不出原因。之後更頻繁地昏厥，評估根本無法工作後索性辭職在家養病。過了幾個月後，寺田的父親開始陷入了長時間昏迷，曾有一度清醒過來，但就像短期的迴光返照，不久便甚至直接變成植物人。

那時比對時間剛好寺田母親懷他剛七個月左右，最後出生時，父親也同時剛好嚥下了最後一口氣。

正當寺田母親聽得一頭霧水的時候，還沒見過寺田的奶奶直接這麼斷定地說道：

「是男生吧？」

「寺田家就是這樣，一定會生男丁，但父親一定會死。」

「這是……詛咒之類的嗎？」

寺田的奶奶並沒有多說，只是問母親是否要納入寺田的戶籍，並讓她考慮。幾經波折最後還是回歸，一開始從母姓的寺田才正式納入寺田家（原姓並非寺田）。

其實寺田也有想過是不是不納入寺田家就不會受到這個詛咒的束縛，可回頭想來，不管納入與否，這根生在血緣中的詛咒都不會解開吧！

追記

「詛咒」這種東西其實對於亞洲圈的人來說並不陌生。

在高度經濟成長期（通稱泡沫經濟時期）時，台灣當時就已開始風靡五鬼運財或者下蠱之類的咒語法術，妄想透過超自然的力量獲取不屬於自己的錢財。

日本也有類似的做法。

例如只要出現在家裡就會帶來財富的「座敷童子」就是最為著名的例子。另一個較不為人所知的，就是所謂的**附身家系（憑き物筋）**。傳說這種家系會驅使動物靈替自己賺進大把財富，或更甚的拿來作惡等等。

聽起來是否與所謂的「養小鬼」有點異曲同工之妙呢？

不過較為不同的是，通常附身家系依照地域傳承，每個附身家系所代表的意思和能力（或者是背後的民俗說法）都不太一樣，但唯有一個橫跨日本全國的共通點，那便是**血緣關係的延續**。

這類型的「詛咒／財運」往往都是透過血脈不斷的傳承下去，直到因為某種契機而斷開連結回歸平凡；又或者觸犯禁忌導致人財兩失，最後連自己的命都賠進去。

惡作劇電話

引言

當我還在日本留學期間，比起喜歡在學園內談戀愛、打工、泡夜店的一般大學生，個人更嚮往找到一間日劇中常常會出現的那種空間窄小，互相鄰席暢談的居酒屋。

學期開始沒多久，還真的就讓我找到了。

待我成為那間居酒屋的常客後，某日在店內遇到偶爾會來小酌一杯但並不熟識的一位常客；暫且給那位常客一個假名代稱，就叫做佐野吧。

佐野平時都是穿著非常輕鬆的裝扮，唯獨那天他身穿全黑色的西裝，臉色凝重地與老闆喝酒解悶。互相點頭致意後，三人趁著人還不多時寒暄了起來。

說是寒暄，但在我耳裡聽起來更像是佐野種種荒唐事的自白，好似在回憶什麼。最有趣的是整體故事的神奇程度令人無法分辨真假，那時為了練習日文聽力，於是特別記錄了下來。

那麼就一起來聽聽佐野到底說了什麼故事。

故事

那是距今十幾年前的事了。

佐野的雙親都是都心內某名門大學醫科出身，在望子成為龍中龍的過度期待之下，佐野父母不斷要還只是個普通高中生的佐野考進一流大學，可想而知佐野家的升學壓力不同於一般日本家庭。

佐野厲害的地方，就在於他並沒有因此被壓垮，反而不負父母所託，成績一直都在校內前幾名，也是相當被老師看好的一顆新星。不過，異常強大的升學壓力還真的有其可怕之處。

這也是間接造成佐野開始在私底下做了不少荒唐事的最大要因。

好比說偷竊、飆車、跟混混打架後報別人家的名字（以至於混混找到別人家去）……等等諸如此類，整體來說簡直是典型到不能再典型的問題兒童。

因為備考的緣故，他也常常熬夜到了三更半夜，讀不下書的時候索性偷偷溜出門騎著腳踏車到處晃。雖說在日本半夜能做的事情不多，但死屁孩毫無極限，終究還是讓他找到半夜能抒發壓力的方法。

日本住宅區中，接近車站或公園的地方通常會設有公眾電話亭，電話亭裡面的檯子下基本上會放一本黃色的電話簿（現在似乎已經沒有了）。

某日深夜，佐野騎腳踏車經過公共電話亭時，心血來潮就把車隨意亂停，順手翻起電話簿。這時他突然想到，如果這個時間點打給不認識的人又會如何？腦子在想，手已經自己動了起來。

一開始打到陌生人家難免有些緊張，畢竟沒幹過這種事，因此通常對方接起來後佐野就只是單純的沉默，等到人家率先「喂？」了一陣後直接把電話掛上。不過也有些人可能因為早上工作壓力過大，掛掉前都會先痛罵一頓。

「可以讓人抒發壓力，我也可以得到滿足。」佐野這麼想著。

久而久之，不知道從哪裡領悟出「我不入地獄，誰入地獄」的想法，佐野好一段時間持續做著這種騷擾行為，甚至到後來他對於無聲的惡作劇電話表示膩了，就又開始動起歪腦筋思考，是不是該講些什麼有趣的台詞。

起初毫無頭緒時，對方接起電話後他會先沉默，接著緩緩地問些無關緊要的問題，像是：

「今天的晚餐好吃嗎？」

「現在幾點？」

「趕不上電車好困擾啊。」

當然三更半夜的被從公共電話打來的神經病問這種問題，多多少少會造成相當的恐慌，於是電話對面的人開始有了比較激烈的回應。

此時佐野的被虐潛能慢慢地被激發了出來，於是越玩越是起勁。以前可能是一個禮拜一、兩天跑出來幹一次這種蠢事，到後來的頻率增加到一個禮拜四、五天，簡直沒有要停下來的跡象。

而一再突破自己羞恥心極限的佐野也不例外，每隔一陣子便開始力求改變。為了得到對方更激烈的回應，他開始講一些恐怖故事或電影台詞。

「好寂寞……」

「你可以陪我嗎？」

「我在你家樓下喔……」

且不單只是講話，甚至還會加上一些音效，諸如哭泣聲、電話雜音等等。想當然爾接到電話的人的態度也隨著他的白目行爲更加害怕，相反的佐野則在對方感到害怕的同時得到了相當大的快感。

就在他持續這種惡作劇好一段時間後，不意外地興致就變得沒最初這麼高昂，也偏偏在這個時間點讓他遇上了奇怪的事。

一開始他如往常般，在電話接通後響了一段時間，有人接了起來。聽聲音似乎是一位很年輕的女性，輕輕地「喂？」了一聲。

「妳可以……幫我……開門嗎？」

詞與詞之間是佐野用心地模仿風聲所作的雜音，本來預期對方會有更大的反應，但沉默了約三十秒的時間後，對方居然淡淡的說：

「好的。」

然後電話就掛了。

佐野算是第一次遇到這種對手，愣在原地一段時間後才回過神來。不服輸的他特別把剛才的電話記了下來，又再度回撥了一次。電話鈴聲響起以前，他總感覺這段待接的時間不知怎地異常難耐。

可能是玩了這麼久的惡作劇電話，終於有種棋逢對手的感覺吧!?礙不住焦躁的情緒，他便在等待的期間努力榨乾腦細胞，不斷思考著接下來要說什麼。

「喀嚓」一聲，電話又被接了起來。

同樣是剛剛那位年輕女性的聲音，也依然不疾不徐地「喂？」了一聲。

「我……好冷……讓我……進去……」

與上通電話相同，他不斷地在詞句的間隔中對著話筒吹氣，試圖努力營造出刮大風的背景音效，哪怕實際上那天只是一個平凡的夜晚。

或許佐野認爲這樣更能添加詭異感，於是玩得更是特別起勁。正當他期待著對方會有什麼反應時，突然——

「呵呵。」

很輕的兩聲，聽在佐野耳中甚至帶點輕蔑了，這時屁孩如他居然開始惱羞起來。「居然敢嘲笑我用盡心思的演技？」

正想發飆的時候，電話傳來掛斷的聲音，可佐野並沒有氣餒，又馬上從褲檔裡掏出硬幣，快速地撥出了第三通電話。

電話待接的時間明顯比第一通和第二通久，讓他等的是心煩意亂。有趣的是，他居然在這個時間點還會反省自己。

「是不是自己的演技不夠好？」

「該說什麼才有爆點？」

等了一段時間，電話那頭在接線的瞬間又傳來同樣的女聲。

「什麼態度啊？好似沒事一般，果然是在小看我啊蛤～!?」

正當他打算在秀出過人演技的時候，他發現似乎有點不太對勁。打過以前的公共電話的人不知道還記不記得，電話接線後就算不說話，也會傳來因電波透過媒介傳導產生的干擾形成的雜音，淺顯一點來說就是「……沙……沙……沙……」

佐野在先前的通話中都還能依稀聽到這種些微的雜音，可這次接起來後取而代之的是異常詭異的安靜。接著，彷彿在他聽話筒的另一個耳朵旁出現了一道清晰的聲音：

「我來找你。」

如同配合好一般，這句話一結束，聽話筒的耳邊隨之響起了掛斷電話的嘟嘟聲。

正當佐野不知該作何反應時，突然遠遠的瞥見深夜巡邏的警察騎著腳踏車，慢慢的朝自己準備回去的方向騎過來。

可能是因爲作賊心虛，比起電話那頭的回應，當下讓他覺得更麻煩的應該是警員盤問，於是他就沒有偷偷記下這個讓他感到莫名其妙的號碼，騎著腳踏車與巡邏警員擦身而過。

當與巡邏員警擦身而過時，眼角掃到了剛剛自己所在的公共電話亭，發現不知何時有個穿著白色連衣裙的長髮女生已經站在電話亭外，像是在窺視什麼一樣，單純望著裡面遲遲沒有打算進去。

「該不會……？」佐野想起了剛才的惡作劇電話。

「不可能吧，應該只是想用電話的人而已，想太多了。」

還在猶豫的同時，那女生彷彿注意到他一樣，慢慢地離開了電話亭的玻璃門，然後轉身面對著佐野。

深夜兩點的日本住宅區街道，要說烏漆墨黑倒還不至於。每隔幾步就有的路燈，再加上電話亭本身燈光的亮度，照理說佐野應該可以稍微看到那女生面容的輪廓，但實際上他看到的卻只是一整片漆黑。

詭異地是，他很清楚知道她在笑。而當他發現那女子開始移動時——

「跑！」

這個念頭一起，佐野頭也不（敢）回的往家的方向狂飆，到家直接丟下腳踏車衝進家門，上鎖後便躲進自己的房間。過了好一段時間，緊張感一解除後便很快地沉沉睡去。

經歷過這樣的體驗之後，佐野再也沒有半夜出門打惡作劇電話了。

讓他再次想起這個經驗是於某次補習班的聯誼酒會中，酒興一時上頭的佐野，爲了炒熱氣氛開始口無遮攔地跟大家講起自己的體驗。聽到女生們受到驚嚇地喊叫聲不絕於耳，佐野越講越起勁。

「欸，佐野，那電話還留著嗎？」

「有啊，幹嗎？你想試試看嗎？」

「當然啊，誰知道你是不是瞎掰的啊，哈哈哈！」

其他人聽到有人這麼說也紛紛開始起鬨，半開玩笑地質疑起佐野的故事。不過他的個性就是禁不起激將法，最後索性便邀了所有人到電話亭準備驗證眞假。

雖然不服輸，但佐野心理上多少還是有些陰影，於是他思考了一下，做出了一個狡猾的決定。

他把記下的電話號碼遞給了其中一個男生，我們姑且稱他爲丸井君好了。

這個驗證的方法是除了驗證者之外，其他不相干的人都躲在離電話亭一段距離的轉角處。當丸井走進電話亭後，之後便一派輕鬆的從電話亭走了出來。

「怎麼樣？有什麼奇怪的地方嗎？」

「沒有啦，完全、眞的完全就只是個空號而已。」

對於酒精正在血液中揮發的眾人來說，這樣的結論實在太過無趣，於是一夥人又推了其中一個膽子頗大的男生出來，我們就稱他爲高島君吧。

大家再度縮回轉角處等待一會兒，高島並沒有太花時間，走出電話亭後對著佐野他們招了招手。待所有人會合，一行人迫不及待地對高島進行了盤問。

「如何如何，有什麼不對勁的地方嗎？」

「是沒有啦，就跟丸井講的一樣，是個空號。」

他嘴上雖這麼說如此，但話中有話的語氣很快地就被大家所察覺，幾個人又繼續追問下去，這時反倒是高島有點沒好氣地問起大家：

「是說，你們剛才哪個傢伙故意要嚇我是不是啊？演技有點爛欸！」

「沒有啊，我們都在那邊的轉角欸。」

「眞的嗎……？可是我剛剛看到玻璃反射出我後面有個女生欸……」

「不可能啦，我們就在外面，誰也沒看到啊！」

眾人靜默了一陣，這時丸井說：

「感覺像有人注視著你對吧？我以爲是我想太多……」

「對對，我雖然看不清楚那女生的臉，但是眼睛倒是很明確地直直盯著我。」

見丸井和高島的表情並不像開玩笑，在場的女生似乎開始陷入輕微的恐慌。佐野見狀連忙出來打圓場說這故事只是自己瞎編的，吆喝著所有人前往車站附近的居酒屋喝下一攤。

雖然後續酒會的歡樂氛圍讓大家很快地把這件事拋諸腦後，但是佐野自己心裡很清楚高島和丸井的感覺是眞是假。

聯誼過後不久，大家突然接到消息說丸井出車禍的消息，礙於大家有各自打工的時間，於是決定自行找時間去探望他。佐野也挑了較空閒的一天去探病，只是剛一走進病房就瞄到病床旁坐著高島，兩人似乎正悄聲地在聊些什麼。

「唷，感覺怎樣？有好好活著嗎？」

兩人回頭看到是佐野，便趕緊抓著他問道：

「欸，果然那電話號碼有問題對不對？」

「什麼號碼啊？」

話剛從嘴邊吐完，他馬上聯想起那天聯誼時的事情，於是裝傻反問怎麼一回事。

丸井這時才講出他出車禍的原委。

時間回到聯誼後的隔日，丸井打工完覺得全身異常疲累，因此抄了暗巷想節省回家的時間。就在他轉進去巷子裡的同時，突然明確的感受到一股視線。

一開始他沒想太多地繼續走著，只是走著走著，那視線越來越強烈，猛地回頭一看……只有一片空蕩的巷弄。

他歪了歪頭，轉過身準備離開，忽然聽到光著腳的聲音，「啪搭、啪搭、啪搭、啪搭、啪搭、啪搭、啪搭、啪搭、啪搭、啪搭」。

聽那節奏，一瞬間地快速往丸井身後逼近。突如其來的驚嚇，讓他下意識地往前直衝，一出了巷口馬上就跟從側面來的一台車撞上，丸井因而斷了一條腿。

在丸井發生車禍的同一天，高島也遇到了差不多的事情。

同樣在打完工返家的路上，高島騎著腳踏車經過了某個轉角，突然聽到後方遠處有腳踏車鈴聲急促的響起。

回頭一看，原來是騎著腳踏車巡邏的員警。

「我說，你剛剛雙載了吧？」

這邊由筆者跟各位解釋一下：日本對於腳踏車的規矩頗爲嚴謹，不但規定晚上騎腳踏車必須得開燈，每台腳踏車要有身分登錄，類似於車牌的作用。喝酒騎腳踏車以及雙載行爲都是被禁止的，像台灣這樣還能另加裝火箭筒就更不用多提。

高島則是被警察問得一頭霧水。

「蛤？」

「不要裝傻喔，剛剛我看到你後面坐著一個穿著白色連衣裙的女生，長頭髮的。」

「我一直都是一個人啊，打工的地方就在前面不遠而已。」

那警察繞著高島轉圈，在打量了一陣之後沒再多說什麼就讓高島趕緊走了。當他到家後關上大門時，隱約從大門側邊的玻璃窗看到外頭的感應燈自動亮了起來，不遠處的地上還有一道人影，從方位來看似乎就站在他家門前。

高島回頭往貓眼一看，當然沒有半個人。可感應燈也並沒有因此熄滅，這時高島覺得心裡毛毛的，只好說服自己想太多，便沒有對這件事多加理會。

聽到這，佐野思考了一下後，只好與兩人坦白自己遇到事情的原委，且他認爲可能繼續把電話號碼的事情散播出去只會增加遇到詭異事情的頻率，於是三人互相約定對那組電話號碼的事情不再多談。

從此他們就以如此的共識，就算偶爾在補習班的聯誼酒會中被問起這件事也會不約而同地說只是玩笑而已。甚至在丸井傷好後不久還一起到有名的神社進行一次澈底的驅魔。

考生生涯結束後，佐野和丸井如期上了都心內某醫大，高島則上了另一間離東京都內稍遠的國立大學。雖然考到不同的地方，念在考生時期建立的感情，三個人合租了一間稍微靠近郊區，但坪數頗大的公寓。

晚上三個人總會在公寓內會合後，隨意找個喜歡的地方喝酒聊天、殺殺時間什麼的。縱然三人各自找到打工賺外快，但說到底也還是學生身分，居酒屋之類的高消費場所當然就無法常去。

考量到最經濟實惠又方便的選擇，那就是離公寓最近的便利商店。

久而久之，跟便利商店店長混熟起來後，發現還有另外的兩人組也跟佐野他們一樣屬於夜貓子，常常在接近深夜的時段跟佐野他們一樣泡在便利商店閒聊。好巧不巧的，這兩人也與佐野三人組意氣投合，於是莫名其妙的「深夜的五人屁孩」團體就這樣組成了。

先說說新加入的兩人好了。名字分別給他們取做「淺山」和「沼田」作為代稱較好分辨。

兩人同樣的是租在佐野他們公寓的附近，也都是學生。不過這兩人比起佐野三人更加的有個性，又或者該說是鐵齒？

當時的年代正是日本的靈異風潮，電視節目甚至是廣播都一定多少會穿插些恐怖環節，兩人卻對於鬼怪之事異常地嗤之以鼻。可能是仗著自己出身於東岩手縣，常常嚷著自己是從「妖怪的故鄉」[1]來的，自小就聽過很多口耳相傳的怪談異話，但就是沒親身遇過。

因此，某日當佐野三人提起電話事件的時候，便被淺山和沼田二人狠狠地嘲笑了一頓。

三人的個性雖然都有點好強，但因有著前車之鑑，也沒打算再多嘴下去。反倒是店長聽了五人的閒聊，居然默默的加入了話題。

「欸，你說的電話號碼，可以講的詳細一點嗎？」

店長看起來只是位普通中年男子，也沒有對怪談類話題感興趣的氣質，再說平時五個人聊天時，店長也從來沒有參與過。

對於店長突如其來的要求，三個人猶豫了一下後便開始你一言我一語，隱藏掉一些資訊的同時，把自己遇到的詭異體驗完美銜接成一段新故事。有趣的是，店長在聽的期間卻什麼話也沒說，甚至在一般人聽完會覺得害怕的地方也沒有做出任何的表情。

「總之就是這樣，店長覺得怎麼樣？」

「0x0—x9x2—4x1x」

這不正是他們撥打的那組號碼嗎？正當三人不知該對此做何反應的時候，店長又自顧自地說起了他自己的故事。

那是發生在店長於考生時期的事情。

當時店長因爲課業繁重造成的壓力，加上自己不愛讀書的關係，脾氣和個性都是相當之差勁。就算如此，因爲膽子不大所以也不會造成人家太大的麻煩，唯一做過的「人生偉業」與佐野一樣，就是深夜跑到公共電話亭打騷擾電話。

那時候他沒想太多，隨便挑幾個就撥出去了。

通常他只是撥完後就放著，然後靠在電話亭外喝起飲料，一邊聽著話筒傳來的謾罵聲。

直到他撥了這組電話。

註1　妖怪的故鄉：大部分講到妖怪的故鄉，會想到日本岩手縣遠野市。主要是日本近代談到的妖怪除了江戶中期畫家鳥山石燕所繪的《畫圖百鬼夜行》之外，主要也奠基在近代民俗學大家柳田國男於一九一〇年發表以東北地方傳承的逸話集—《遠野物語》。除了我們台灣人，對於日本人來說隨手列舉出的妖怪大都來自該物語集裡，因此沼田和淺山才這麼自稱自己。

只不過與佐野不同的是，接起來的是一位男生，對方的聲音因爲太沙啞而聽不太清楚他的咬字，又或者是這位男性講話總是伴隨著像電視收播的雜音。

一開始店長並沒有很在意，可後來發現這男人一直在講一些像在報路的話。基於好奇，他拿起話筒想仔細聽聽他在講什麼。

「車站……前……直走……」

「……轉角……路口……」

「……上坡……右……」

一開始他還未意識是什麼意思，但是當他知道他在講什麼時，一切都太晚了。

那時店長跟家人住的地方附近有個車站，以那爲起點往前走過兩個路口後左轉就會看到一個很長的上坡。過了上坡右轉走過一間便利商店轉角後的不遠處，就是他目前所在的電話亭。

所以當店長轉頭往遠處看出去時，有一個穿著西裝、臉卻看不清楚的男人站在那兒。且詭異的是，雖看不清楚他的臉，但卻可以知道他在笑。

再度讓店長開始行動的契機是因爲耳邊話筒的雜音突然消失，正以爲被掛掉時，取而代之傳來的是很清晰的一聲：

「找到了。」

店長當然二話不說推開電話亭的門，開始死命地跑。可不管怎麼跑，只要每次一回頭看，那個男人總是出現在路燈下面，且離的是一盞比一盞近。

後來他乾脆不再回頭，直奔回家，正當以爲自己已經安全的時候，家裡的電話開始響了起來，不斷地在深夜靜悄悄的家宅內大聲迴響。除了店長，他的家人則好似沒聽到一般。

更糟糕地是，這樣的日子持續了一個禮拜左右，突然間電話不再響了。與此同時，小店長一歲的妹妹也莫名的失蹤。

那天店長妹妹說要跟朋友出去玩，可能會晚點回家，只不過當她出門之後就人間蒸發，再也不見人影。家人著急地問了當天跟她一起出去的朋友，說是已經回家了。且那天因爲唱卡拉ＯＫ到深夜，最後她們一群人乾脆結伴回來，也確實看到店長妹妹進了家門。

證據就是當天送店長妹妹回家時，在場的另外兩位同學還依稀聽到裡面似乎有電話響起的聲音。

聽完店長的故事後，在場的五人靜默了一段時間，突然淺山開始大笑，接著沼田也跟著笑了起來。

「幹嘛啊!?白癡喔你們?」

「好啦好啦，我承認你們真的很厲害!」

「是啊，居然還這樣互相串通，很讚喔!」

佐野、高島、丸井剎時覺得這兩人的白目境界超越了自己，一時間還真的不知道該對他們表現出怎樣的反應。此時連店長也一改剛剛說故事時那陰沉的表情，開始露出笑容說道：

「騙你們的啦，看來我說故事的功力不弱嘛，哈哈哈。」

聽到這話的淺山和沼田又是大笑又是鼓起掌，畢竟店長這句話等於是在間接在說佐野三人的故事是編出來的。三人這時心裡只覺得氣憤，互相看了一眼，似乎都正想著這種白目的人是不是真的就該讓他們自己試試看那種滋味時，店長又突然拋出一句讓三人臉色一青的話：

「我知道那組電話的所在地喔!」

「喔喔喔喔喔喔喔喔喔喔喔～～～!!」

伴隨著一陣吼叫，淺山和沼田的情緒整個漲到最高點。

「欸，反正無聊，一起去探險吧？」

「喔喔！好主意，欸，走吧～」

說真的，佐野、高島和丸井雖然害怕，不過對於店長知道這組電話的發信源頭更是讓他們的好奇心大過恐懼，加上三人在猶豫時還不斷受到了淺山和沼田的冷嘲熱諷，面面相覷後便答應了。

店長笑著叫了一台六人坐的計程車，告訴司機地址後甚至替大夥出了車費，待五人上車後，司機便一語不發的往郊區山側的地方開去。可是路邊的景色越來越靠近山腰處，最後甚至看到了「〇〇墓地」的牌子。

最後車子停在了靈園前方不遠處的公車站牌下。恰巧公車站牌附近，有座在深夜中透出違和亮光的電話亭。

「欸，感覺有點不妙欸……」

高島碎念了一句，佐野和丸井倒是沒說什麼，連從最初就很囂張跋扈的兩人組，此時臉色也開始難看起來。畢竟說要來的是他們，沒辦法兩人只好壯起膽子說道：

「這都是店長嚇我們的伎倆罷了啦！」

「可能覺得我們吵，找個藉口把我們趕走吧，哈哈。」

「欸，驗證看店長講的是眞是假，打那支電話看看，看電話亭會不會響。」

聽到沼田的這個提議，佐野三人只能面有難色的站在原地。沼田一看，輕蔑地笑了一下，便又開始諷刺他們道：

「不會是嚇到了吧!?我知道了，我打總行了吧？」

於是沼田掏出手機撥了那組號碼，結果那電話亭還眞的響了起來。

「還眞的是欸，太厲害了吧。」

淺山不可置信地望向電話亭，興奮地大聲說道，可當他轉頭看向聽電話的沼田時，他的臉色就不太好了。

「怎麼了？」

沼田將自己的手機遞給淺山，話筒傳來的只有一句「現在您撥的號碼並未使用……」，那麼，是誰打到電話亭？

「會不會是ＮＴＴ[2]的維護作業之類的？」

「時間點這麼剛好？」

「難說喔……」

淺山笑著然後走進電話亭，當大家要上前阻止他時，他已經把電話接起來了。過了一陣，淺山掛上電話走出來，臉色還是一副吊兒啷噹的。

「怎麼樣？」

「都是雜音啊，只聽到什麼あ（a）……お（o）……い（i）……か（ka）之類的意味不明的話。」

「只有這樣？」

「是啊，感覺就像維護作業啊，就說你們自己嚇自己而已，我們都被店長耍啦。」

眾人就在淺山的結論中默默解散，可能除了他本人之外，其他人似乎已隱隱約約透露出不安感。沼田本身還好，佐野三人則是很清楚的知道，接下來或許真的有什麼事情要發生了。

從那之後過了將近一個禮拜，佐野突然接到了沼田的電話，劈頭就是一句：

「淺山死了！」

「什麼！？」

註2　NTT：日本電信電話，為日本最大的電信企業集團。

接到消息的三人大吃一驚，總之先與沼田會合後，一行人便糊里糊塗的各自翹了課，跟著沼田到淺山岩手縣的老家去。參加告別式時，透過淺山的哥哥片面地得知，淺山幾天前回老家時，不知爲何精神狀況相當異常。至於怎麼個異常法，礙於悲傷的氣氛便沒再多問下去。

唯一清楚的是，某日淺山在出家門後便沒了音訊。過了一晚，家人很快就接到警方通知發現他跑到當地某間旅館後將電話線拆掉，掛在門把上把自己給勒死了。對於這樣的行爲，沒有人知道是爲什麼、又發生什麼事情才讓他自縊。

可比起追查死因，對四個人來說更多的是好友身亡的悲傷。當天告別式結束後，大家就近找了一家二十四小時的餐廳坐了下來。

「說眞的，現在還是感覺不到淺山不在了……」

「最後一次見面，是在便利商店吧！」

「對啊，我們也只會在便利商店見到面吧……」

四個人很努力地想要粉飾掉朋友去世的沉痛感，硬是擠出幾抹微笑。

「說眞的，不知道爲何連個徵兆都沒有就這樣走了……」

「是啊，大概是我們去完靈園之後不久吧!?」

「還說什麼藍色的（あおいか，aoika）？有點不知所云哪，哈哈……」

「藍色的？白色的？黃色的？阿剔……」

可能是丸井試著想要緩解氣氛試著搞笑，結果一不小心咬到自己的舌頭。大家看到他的糗樣，紛紛笑了出來，不過，丸井像是察覺到了什麼一樣，臉僵在那邊。

「怎啦？舌頭很痛齁，哈哈！」

「我剛剛發出 t 的音對吧……」丸井沉著臉說。

「那是因爲你大舌頭啊！」

「還有三天（あとみか，atomika）……」

大家沉默了。

根據沼田的說法，確實淺山去完墓地後兩天後突然一聲不吭的就跑回老家。

這時沼田自己似乎意識到了什麼，說了一聲「可惡」後便跑了出去後，不知道從哪找來了一根鐵棒，衝到了附近的電話亭，看到這種情形，其他人打算上前阻止他時，電話亭居然開始響了起來。

「喂喂喂，這裡可是岩手啊……有沒有這麼巧……」

「不可能吧，這應該眞的只是維護作業而已吧!?」

佐野和丸井嘀咕著，一行人就這麼傻在電話亭前。沒過多久，不等大家反應沼田已經拿了鐵棒衝了進去「喀擦」一聲接了起來。

「喂！大聲一點！」

「你在說什麼屁話！什麼兩天!?」

只見沼田把話筒一摔，直接拎起球棒往電話箱猛敲直到電話不再響爲止。在沼田情緒平穩下來後，四人終於開始意識到事情真的好像沒有想得這麼簡單，總之一行人就先回到了沼田家商量對策。

四個人慌慌張張的衝進沼田家門，考量到嚴重性，佐野、高島、丸井三人七嘴八舌的找到沼田父母後便開始從頭到尾講了一遍。當沼田父母看著四個年輕孩子一臉眞摯地講著亂七八糟的話，不管故事眞假，隔日一早便開著廂型車帶著四個人到了更鄉下的大宅。

佐野、高島和丸井算是在都心內出身，基本上除了觀光和電視節目的介紹，還眞沒看過這種傳統的和式大院，比起害怕的情緒反而是新鮮感較多。

「這戶人家是潮來[3]世家。」

相較起前幾日滿臉鐵齒，現在的沼田的臉上清楚掛著滿滿的「恐懼」。

打過招呼後，很快地所有人就被引導到一間大和室。不久，進來了穿著白色吳服的阿婆和少女，還不等沼田父母開口，阿婆使很快地與少女交代了一些事情。因爲是方言聽不太懂，只見少女點了點頭後從外面拿了一把大弓進來，而阿婆眼睛犀利地直盯著沼田瞧，像是要把他看穿似的。

坐定後，阿婆語帶無奈地用方言講起話來，沼田開始劇烈的猛搖頭否認，接著少女幫佐野三人翻譯：

「婆婆問說，你們是不是玩了什麼降靈術？」

三個人一聽也跟著沼田連連搖頭，阿婆又講了一大串後，少女依然毫無表情的解釋道：

「你們身上都有著亡者的氣息，尤其是這一位。」少女指著沼田。

「照理說這種氣息只有亡者或將死之人身上才會有，請不要隱瞞地告訴我們發生了什麼事情。」

註3 潮來（イタコ）：為日本東北地區的靈能力者，相當於關西地方的陰陽師，與陰陽師較為不同的是潮來通常只為女性。日本人統稱這些人為「靈能力者」，意即能與靈（鬼怪）溝通、交涉及驅除淨化的能力。潮來除了這些能力之外，更能透過降靈術讓死者附身在身上與生者對話。

於是沼田父母將事情用方言大致轉述了一遍後，阿婆皺著眉頭開始回應，少女則是將阿婆講的話再度翻譯。

「婆婆說，一般來說我們潮來在修行降靈術時會請來御白大人[4]守護，不這樣的話，若請來的亡者帶有怨念不肯離開，很容易造成亡者就這樣佔據人的軀體，而當生者的身體無法負荷時，就會成爲死者的替身。」

「所以我們到底做了什麼會變成這樣，就只是打個電話而已啊……」

「婆婆說：聽令尊令堂所言似乎是透過電話號碼吧？不敢說號碼本身有問題，只能推測因爲頻率的關係偶然接到了靈道[5]，而這條靈道可能很久之前就開在那了，只是單單透過靈道的頻率，不應該會有危險才是。你們一定是直接到了靈道附近，所以散發出的氣息……就像將死之人一般。」

「喂喂喂，眞的假的啊……」

「與其說降靈，這根本是詛咒好不……」沼田嘀咕著。

說明之後，少女首先請四個人並排正座，然後將沼田父母請出屋外。阿婆拿出了一串祭珠，接著用方言開始念起某種經文。

「不管怎麼樣，請不要回頭。」

說著，少女便拿起大弓開始撥弄起弓弦。隨著撥弄的地方不同，弓發出的聲音就好像樂器一樣響起詭異的音調，此時四個人居然不約而同都開始聽到了電話聲響，在相視一眼後隨即開始摸起自己口袋的手機。

「嗯？我的手機呢？」

正當沼田正想回頭摸自己的後褲袋時，突然感覺到自己的左肩膀好像靠著一顆人頭在上面一般。

「請謹記我剛剛所說的話。」

少女這輕輕的一聲，沼田的頭便不敢再繼續動下去。「空」的一聲，少女拿弓站了起來對外一箭，弦上什麼都沒有，剛剛的電話鈴聲卻像是被某人往四個人身後丟得老遠一樣，沼田也覺得肩膀上的人頭像是被抽走似的，頓時安心了不少。

簡單的驅魔儀式過後，阿婆和少女收拾好行頭與沼田父母說，這四個人今晚必須得在這裡過夜，不然難保亡者不會回頭找他們索命。

註4　御白樣：普遍信仰於日本東北地方，算是農業之神、馬神等等，神體多半由桑木製成，常見於東北人家中，在潮來女巫的降神中，也常用稻草或艾草做成人形，套上簡單的紙衣，弄成類似式神的樣子。御白樣其實多為一對（兩尊）的方式被供奉，只放單一一尊的情況算非常少見。

註5　靈道：代指日本民俗信仰中，死者進出陰陽兩界的通路。

「今晚會請御白大人守護你們，但請記得，不管你們聽到紙門外有什麼聲音請都不要打開門。御白大人不會在非潮來人的面前現身，如果你們看到祂，祂便會直接離去，至於祂離去後會發生什麼我就不再解釋了。」

「那想上廁所該怎麼辦？」

「我會請人給你們夜壺，或者你們要準備寶特瓶也無妨。」

當晚，四個人早早地用過晚膳後，就被趕入大和室準備就寢，大家雖然心不甘情不願，但什麼話也沒說，只好待在房間嘗試入睡，卻怎麼也睡不著。

好不容易四個人正開始有睡意時，突然聽見面對庭院的那面紙門外好像有人光著腳、踩著碎石地走向和室。「唰」地一聲，那個腳步聲的主人像是被一捆稻草大力地掃到身上一樣，接著傳來的是人跌在碎石地上的聲音。

「沼田……救我……沼田……」

門外居然傳來了淺山的聲音。

「喂喂喂，別開玩笑了……」

「什麼鬼啊，以為是網路怪談嗎？太扯了吧！」

佐野、高島和丸井三人一臉不可置信的時候，沼田居然一臉激動的想去開門，此時三個人很快地就把他撲倒在地上。

「放開我啊，那不是我們認識的淺山嗎！」

「廢話，我們有耳朵好不好，但是他已經死了啊！」

「大家都是朋友吧！救救他啊！他人就在外面啊！」

「這很明顯是陷阱，沼田你清醒點！」

「要是他就這樣被帶走，你們良心過的去嗎！」沼田激動的大喊。

就這樣四個人不斷的吼來吼去，伴隨著門外不時地傳來淺山的哀嚎以及不知名的稻草束甩在人身上的響聲。僵持不下之際，佐野對著沼田說道：

「早上潮來不是有說嗎？這就像在抓交替一樣，搞不好是淺山來抓我們……」

佐野其實是很理智的將早上潮來的話分析出來而已，沼田卻瞪大了眼睛看著佐野。

「你說什麼!?」

說完直接掙脫高島和丸井，用自己的額頭往佐野的鼻梁上招呼了過去。佐野被這麼一錘，反射性回敬了沼田一拳。最後高島和丸井只好一人一邊，各自壓住一個人。

不知道混戰了多久，直到外面的聲響停息，漸漸地從門縫透出了些微的亮光後，四個人才注意到已是清晨。高島和丸井放開兩人並鬆了一口氣，各自跌坐在和室上。

紙門被打開後，率先走進來的是昨日的年輕潮來。

她眼神掃了一下四個人和凌亂的床鋪，輕聲笑了起來說道：

「要不是我是潮來，看到這種情形還眞有點愉悅。」

精疲力盡的四個人氣喘吁吁的，也沒去理會她這句話的意思。只是當他們將眼神望向紙門外面的庭院時，遠遠看到一尊用草紮的人像穿著紅色的吳服放在地上，而那人像面對的碎石地上，則有一道明顯像是人被拖走的痕跡。

在潮來說事情已經完全解決之後，所有人的心中才眞正放下一塊大石，可是佐野和沼田之間尷尬的氣氛依然瀰漫在四個人周圍。

四人坐上車往東京移動時，高島不知道想起什麼，向其他人問道：

「喂，你們不覺得這件事情像是被設計好的嗎？」

「什麼意思？」

「我和你，還有佐野在打那通電話時，頂多遇到怪事而已，過一段時間我們也沒怎樣。但是自從我們到了那個靈園後，好像整個爆發出來……」

「所以說……？」

「想想是誰引導我們到所謂『接著靈道的電話亭』的？」

經高島這麼一說大家才恍然大悟，一到東京就直奔那家便利商店。令人疑惑的是那裡的店長不知何時已經換了一張不認識的臉孔。

據新的店長說，前店長的房東在今早去收租的時候因爲無人應門，本來打算直接離開卻意外地發現門沒有關。出於好奇，房東輕輕把門一推，才看到前店長已在房間的燈台吊死了。

追記

本文內容於二〇一六年首刊在BBS站「台大批踢踢實業坊」——Marvel（媽佛）版內。個人在發文的當下都覺得此篇經驗談可說是創作感十足。

直到發生了這麼一個後續。

某日，突然有學弟詢問起這篇文章是否有抄襲某篇日本怪談的嫌疑？將筆者問的是滿頭問號。

畢竟個人在確立「日本恐怖實話系列」的主軸時，標榜的除了實際發生過的體驗談之外，還有很重要的一點，就是**絕對不與他人重複**。於是馬上請教學弟何來抄襲一說。想不到對方丟了一個被翻譯成中文後的文章，點開一看標題叫做「**日本怪談：謎樣公共電話**」。

閱讀完不得了，內容架構乃至人名幾乎如出一轍。當下礙於〈事故物件〉曾經發生過被盜文的緣故，腦中直觀認為有人把筆者的文章節錄一小段後轉成日文發了出去。

待頭腦冷靜後再次仔細閱讀那篇日文原文才發現，那篇文章於二〇一〇年就已經發布在一個「horror teller」（恐怖傳道者）的怪談投稿網站（已停更）。

自己的內心滿滿的是不甘心。

「這豈不變成我抄襲對方了嗎？」

冷靜下來又發現……不對啊，該年度我人不正好在日本嗎？剛好也正是取材到這篇故事的時間點，甚至不同於我的文章，我的文章架構前後又更加完整……

那麼問題來了。

雖然筆者的故事內容連貫，但實際談話取材的內容是非常破碎且片面的。這位叫做佐野的人當時更非用怪談的語調向我闡述這個故事，加上他人正參加完淺山的忌日回來，時間點上也絕非拿這件事當聊天話題的氣氛。

為何這篇文章會在同一年度出現在網路上呢？

我自己猜想，是否是丸井、高島或沼田其中一人與佐野先生一樣參加完忌日，將這段經驗投稿到網路上，才造成這樣的文章衝突？

真相至今仍不得而知。

第五單元

日常恐怖

在平交道、護欄，抑或在路邊看到插著花朵的瓶子，即代表那裡有被突發事故所奪走生命的人，就地往生。

日常恐怖

其實在現代日本怪談裡談到的日常恐怖，多半都是因為怪談師們為了追求「真實」的體驗而去盡量蒐集與人們的生活中息息相關，卻平時不會特別注意到的事物罷了。

這樣的概念我個人認為與一九九〇年代的J-horror（日式恐怖）電影脫不了關係，且奠基日式恐怖最重要基礎的，說是J-horror之父的鶴田法男，倒不如說是當時擔任堪稱日本恐怖片史上定型文的「邪願靈」和「毛骨悚然撞鬼經驗（錄影帶版）」的腳本家小中千昭。

他對於恐怖片獨到的見解被同業界的高橋洋，也就是《七夜怪談》的腳本家戲稱為「小中理論」。可許多製片人後來也確實借用其理論不斷地在往後的恐怖片上滿足了觀眾們跪求被嚇的期待。

小中理論後來也多少被活用在怪談裡面，像是提倡恐懼要有層次（段取り），換句話說也就是需要循序漸進。這部分上需要靠著許多微動和留白去讓觀眾膨脹自己的想像力，這樣最後將驚嚇的一幕放出來才會更有張力、也更讓人有記憶。

舉個例子：當時 J-horror 基本上相較於歐美的恐怖片較無背景音樂。取而代之的，是放大上樓時踩在樓梯上的唧拐聲、突如其來的馬桶沖水聲、緩慢開啓的木門聲，或者是急促而來的腳步聲。

除了當時的製作成本有限之外，個人認為與當時日本怪談業界有一種叫做「無音恐怖症（此字為日文語法）」的話題多少有關。扼要解釋，就是類似整體空間突然過於安靜間接造成情緒不安、甚至產生恐懼的精神症狀。或者我們也可以將之看成大腦判斷相較於一般日常生活中的雜音數量過度稀少而產生的另類防衛機制。

換句話說，人是需要適度的噪音才能讓自己處在舒適的環境以此達到提高集中或放鬆精神的效果，而這樣的噪音就叫做「白噪音」。

小中千昭的理論便是運用了這項原理，將背景音樂完全拔除，讓所有人將注意力過度集中於畫面後再置入日常音效，使人對於額外的聲音產生印象之後，以此來提高觀衆的感受度，並透過此手法將恐懼無限延伸。

也因此從一九九〇年代後的怪談故事相較於以前較常出現在深山野嶺，更多的都是附近的公園和神社、自家公寓的電梯，或是現在你後面的人。

繪本

引言

曾經有日本朋友問我，為什麼你一個台灣人要蒐集日本怪談（鬼故事）。如果以當下的心境回答的話，理由應該只是因為單純「喜歡日本」，加上愛好鬼故事，所以自然而然的就去這麼做了吧。

記得某次在日本紀伊國新宿本店閒晃時，發現兒童專區裡居然有畫風詭異、不像是給小朋友讀的繪本參雜其中。也剛好在大學有選修「兒童繪本編譯」這門課，於是在好奇心驅使之下買來閱讀。讀後發現居然都是日本怪談文藝大家「東雅夫」所編，甚至有京極夏彥、宮部美幸、加門七海等知名恐怖推理作家參與其中。

翻閱後果然內容不負眾望，每一篇都讓人不由自主的產生「這真的適合小朋友看嗎？」的想法。

回頭查找這些作家在參與繪本編製的企畫訪談時，發現出發點都著眼於「想像力」上。對成年人來說恐怖或可怕的事情，在小孩子的眼裡或許有另外一種解讀也說不定。

這時才愕然驚覺原來日本在「怪談文化」的發展面向上多元到無法想像，且每次都會意外地讓人在不同領域中發現這類型的故事和其趣味，而這也是愛上蒐集日本怪談最大的原因之一。

為了讓大家清楚「怪談＋繪本」大概是什麼內容，這裡容筆者列舉上述由東雅夫所編輯的幾本繪本的大綱好了：

一、古厝之客（いるのいないの〔到底在不在〕）

一位小男孩暫住在鄉下的奶奶家。

奶奶家是一棟很古老的日式木造建築，天花板也非常的高，因為天花板太高，所以往上一望都黑黑的什麼也看不到。

而他也很在意那黑麻麻的屋頂，所以時不時的會往上看。
就在某一天，當他一如既往地抬頭看向黑麻麻的天花板時，
他看到一張憤怒的男人臉。

二、鏡中（かがみのなか）

有個小女孩發現家裡有鏡子，附近的商店有鏡子。
甚至在意想不到的地方也有鏡子。
看著鏡子舉起右手，裡面的我則是左手。
舉起左手，裡面的我則是右手。
一直都是這著樣子。
但偶爾，也會有搞錯的時候呢。

這系列自日本二〇一二年出版以來便人氣不斷，甚至有些從事幼教工作的老師在幼稚園中也非常喜愛朗讀給幼兒聽，原因便是因為孩童對於這樣子可以容納自己想像空間的繪本好評不斷。

二〇二〇年時爆發新冠疫情，為了宣導保持社交距離等種種政策，讓影視從業人員一時間在日劇拍攝上產生許多困難。

這時由NHK（日本放送協會）主導，為了壓縮成本以演員、攝影班與導演五人組成的小型團體，拍攝以朗讀為主的「恐怖繪本」（怖いえほん）日劇於此正式開播，內容所使用的繪本素材便是「怪談繪本」系列，上述兩本故事當然也有被收錄在其中。

這樣的題材對於當時的我來說非常新鮮，但這類型的怪談故事畢竟都歸屬在創作範疇，顧慮到追求「實話」的初衷，最終我還是決定放棄這個主題。

直到無意間與朋友在池袋喝酒時，與鄰席一位幼教系、喚作西村的女大學生攀談起來後，才終於入手這麼一個在現實中與繪本有關聯的怪談。

故事

取材的時間點是在二〇一一年左右，西村小姐當時就讀東京都內某大學的幼兒教育系三年級生，該科系其實從二年級春季學期（相當於台灣的上學期）開始，就漸漸要到幼稚園實習。

她本身很喜歡小孩，每天看著小朋友活蹦亂跳的，感覺自己的心靈也被治癒了。

於是，她也更加深了自己選擇幼教系的信心。

日本的幼稚園基本上都一定會有一個繪本時間。西村因爲平時受到聲音廣播劇和動漫配音影響的緣故，常常會在朗讀時無意識地爲繪本角色賦予其個性。正因爲如此，她對於自己說故事的能力還算有一定的自信，也因此受到了小朋友們的青睞。

某日是西村在東京T區的某間幼稚園實習的最後一天。那天下午排定的正是西村的拿手好戲——「朗讀繪本」，幼稚園的老師們也有默契地讓她擔當這次主講。只不過園內大部分的繪本都已經讓她讀過一輪，所以繪本的選擇讓她煩惱不已。

正當自己吃完午餐的空檔時，突然有個不認識的小女生拿了一本繪本給她後，什麼都沒說就「搭、搭、搭」地快速的跑走了。

西村翻閱後發現是一本蠻新的繪本。作者是有名的小說家編撰，只是書的封面有點陰沉，且內容屬於恐怖類型，她自己本身也對這種繪本多少帶點排斥。其他資深的老師則是認爲時節正值炎炎夏日，偶爾講個恐怖系的繪本也不錯，於是西村便也沒再多想，稍微翻了一下記憶內容後，就直接上場開始閱讀起來。

故事的內容大綱大概是：

「有個小男孩在黃昏時牽著狗去散步，突然想上廁所，正好在途中經過一個公園，但據說那個公園裡的廁所會有幽靈出現，甚至傳出只要用了這間廁所就再也回不來的傳聞，便覺得很害怕。

但後來實在忍不住，小男孩看了一下旁邊的狗狗，想說至少有伴，就說服自己沒什麼而進了廁所。不過進去之後還是很害怕，小男孩只好一邊上廁所，一邊安慰自己沒什麼。可是最後卻直接聽見了幽靈的聲音……」

……總之就是這樣。

可能因爲無意識的替角色帶入聲音的關係，不只小朋友，連老師也嚇得亂七八糟。比起一開始排斥的心態，西村漸漸地樂在其中。

可意外的是其中有個短髮的小女生一直都沒什麼特別的反應。

仔細觀察了一下，她不就是拿這本繪本給我的小妹妹嗎？

「啊……可能她已經讀到爛了吧？」

西村當天實習結束後與大學同學約好一起小酌一番，趁著酒興且還有一點記憶的時候，把早上朗讀的繪本內容又更加誇張地演繹了一次，看朋友各個嚇得要死的樣子頓時讓她樂不可支。

時間一晃，來到了晚上十二點多。

因爲隔天早上必須回學校做實習成果報告，西村婉拒了酒會續攤，選擇回租屋處休息。從車站到西村租屋處的距離大概需要走十分鐘左右，地點雖然不在主幹道上，但頂多只要走兩條巷子的程度而已。

一開始還因爲當天大家的反應很好，意猶未盡地哼著歌慢慢走回家，可當她彎進第一條巷子時發現，「咦？好像有人跟在我後面？」

毫無徵兆的危機感突然提醒自己，豎耳一聽確實有腳步聲在身後。奇怪的是那個腳步聲，感覺不像成年人，反而像是小朋友穿著皮鞋在走路的聲音。

「不對啊？這時間不會有小學生吧？」

基於好奇，西村猛然停下腳步回頭一看，但一個人都沒有。

剛彎進巷子的路口處還看得到有計程車呼嘯而過，巷口的地方還有停車場，旁邊是一棟普通的公寓大樓……全都是燈光明亮且無法藏身的地方，卻看不到半個人的影子。

西村小姐歪了歪頭，便想著自己可能聽錯了，一邊穿過第二條巷子，來到了一個夾在民宅之中供社區居民休憩的公園。認真要說的話，與其說是公園，倒不如說是爲了做景觀計畫的大型人行道，只是中間會設置一些椅子和給小朋友玩的遊樂設施等區塊。

這時，身後又傳來了腳步聲。

可能因爲第二條巷子處於民宅跟民宅間，車子進不來，因此跟在西村後頭的腳步聲比一開始來得更清晰，且這時她基本已經確信是小孩子的腳步聲。

在差不多要轉進租屋處公寓前的一百公尺左右，西村猛地一回頭，就看到遠遠有個小小的黑影，伴隨著一連串急促地腳步聲襲捲而來。

「搭、搭、搭、搭、搭、搭、搭、搭、搭、搭、搭、搭……」

受到驚嚇的西村想也不想，拔腿開始往自己的租屋處衝刺。

轉進去公寓前的小路後兩段階梯作一步踩，到二樓中間的租屋處把預先拿好的鑰匙拿出來開門便進去後，馬上把門鎖上，前前後後不到四十秒。

「什麼鬼，太糟了吧！」

西村腦中一直希望是自己太累而產生錯覺，可哪怕這樣說服自己，她還是蹲在門邊大氣不敢吭，就怕那「因爲太累而想像出的」小女孩眞的跟過來。

過了大概十分鐘左右，等到確認門外沒有腳步聲之後並準備起身時，突然一隻小手從門下面郵筒的縫隙中穿了出來，抓住西村的衣服說：

「再唸繪本給我聽嘛。」

追記

故事開始前，我特別提到自己對於「實話怪談」的追求。撇除較為主觀意識的經驗談，個人希望至少故事中有一項是與現實生活中有所銜接的，以便日後可做為考察依據。因此在入手這則故事的同時，我也從西村小姐那裡請教了該繪本的標題與出版社。

內文中所提到的繪本名字叫做《過來呀》（おいで），為新日本出版社所出版。內容與內文所提到的基本上是一樣的，只不過在該繪本最後的彩頁中只畫了那間廁所，門口有一隻小男孩的手，似乎是要準備逃出來的樣子……又或者，是否該解釋成再也逃不出來才對呢？

這裡就留給小朋友以及在閱讀這則故事的各位，請試著體會想像恐怖故事的魅力吧！

供養

引言

筆者本身喜歡旅行，特別是坐在交通工具上移動時，窗外風景急遽變化，總是時刻提醒我世界有多麼豐富、又多麼遼闊。相信正在閱讀這本書的你可能對這句話多少深有同感。

根據交通部觀光局數據統計，除了疫情的三年之外，國人出國旅行年度人數呈直線上漲，特別是日本更是台灣人心中海外旅行首選。尤以二〇〇四年為第一次分水嶺，台灣飛往日本的觀光人數正式以百萬人次作為單位計算；之後進入到二〇一三年度更是誇張，直接比前年度硬生生多了一百萬人次。

當然這包含許多因素，不過我想最大的要因還是在一九九〇年代前後所興起的「哈日現象」，而這個現象直到現在還是悄聲無息地延續著。

可哪怕大家這麼愛出國（或說這麼愛去日本），卻是否真的對於「未知的窗外景色」感到好奇呢？

從一般遊客變成站在遊覽車上手握麥克風的領隊導遊後，我漸漸地開始這麼疑惑起來。好比說：

↓為何除了寺院，連路邊都有地藏菩薩像？

↓為何驚嘆號的警告標示為「危險」，卻沒有說明原因？（例如左側上圖是警告有直行車優先的路口，但下圖則是出於「某些原因」乾脆不寫明白）

↓為何有些平交道、護欄旁有插著鮮花的花瓶？

……諸如此類。

而這一章節我想分享就我所蒐集到的「路邊的花瓶」故事談一談。

這裡故意用了花瓶一詞可能稍有誤導的嫌疑……不然我們說「花束」、「卡片」，這樣大家是否心裡有底了？

沒錯，其實在這些平交道、護欄，抑或是路邊看到插著花朵的瓶子，即代表那裡有被突發事故所奪走生命的人，就地往生。

東亞圈普遍認為因突發事故往生的人通常會沒有意識到自己已經死亡，為了讓死者能夠安息並表達自己惋惜，通常會在該處放上花束、卡片，西方甚至會在上述之外加上點火、蠟燭等等，這都是在非特定民俗宗教上的一種行為模式。

而這樣的行為出自於善意乃全球共通……可這些善意會不會被接受，那又是另外一回事了。

我們來說一則某位頻繁出入日本怪談圈和電視圈前輩的故事吧！

故事

其一、平交道旁的鮮花

還在演藝業界跑龍套的K，某日經過住宅附近的某條商店街前，發現盡頭的平交道旁擺著一朵花束。

「這裡應該曾發生過什麼吧！」他一邊想著。

「花都枯了，眞可憐。」

於是就走到附近的花店買了一束新花，回到平交道後將瓶內枯萎的花換新，感覺自己日行一善的K，沒來由地覺得心情好了起來。

過平交道後稍微走了一段路後就是斑馬線，對面的一棟商用大樓有著一整面的反射玻璃窗，窗戶映照著在斑馬線等紅燈的行人。

K不經意的往那瞥去，看到自己的身旁站著一位年輕的女子。

氣溫冷冽的立冬，身旁站的女子卻穿著V字領的低胸裝，外面只披著一件薄外套，下半身則穿著迷你裙。

「呃……感覺好冷。」

出於好奇，K將頭往旁邊一瞥打算看看這女人是怎麼回事，可回頭一望並沒有人站在K的身旁。他又看了自己身後，視線環視了一周，站在那裡的只有他自己一個人。

「欸？」

當K又望向對面大樓的反射玻璃時，剛剛那個女人同樣一動也不動的站在他身旁。K重複確認了好幾次反射窗和身旁後，心裡頓時覺得毛毛的。不過想到自己正在趕時間，最後選擇決定忽視這件事，畢竟這條路是他通勤的固定路線，哪怕每次經過這條斑馬線等紅綠燈時總會看到這個女人站在自己身旁，可至少過馬路時並沒有像連續劇或恐怖片一樣突然災厄席捲而來，久而久之自己也不怎麼在意了。

過了幾天，當K搭電車回家時，透過對面的車窗他又看到了那個女人坐在自己不遠處，就如同普通人般，並沒有什麼太大的區別。

服裝與之前看到的還是同樣的一套，仔細看了對方的臉，看起來相當無神。

此時對方似乎察覺到K看到了自己，於是無神的眼睛很快地就與K對上了。接著就看到對方緩緩的張嘴，開始很快地不知道講了些什麼，後來K仔細地盯著她的嘴型，才發現她講的是：

「還給我、還給我……」

不知道是不是錯覺，總覺得這句話從單純透過玻璃窗看到的唇語逐漸具現成聲音，直到K離開車站前，一直都在耳邊回響著。

此時他突然想到：

「啊，莫非是那束花？」

於是他又趕忙回到商店街的花店，買了和枯萎的那束同一種花後，急急忙忙地到平交道將那束花換了回去。

「一定是自己在乎的人替自己獻的花，因爲我擅自換掉讓她生氣了吧？」

於是K對著花瓶合掌默念：「對不起，眞的很對不起。」

路邊的行人可能以爲K是在這裡弔謁往生的親友吧？窸窸窣窣地說著：

「感覺眞可憐啊。」

K突然很無奈，覺得自己做了多餘的事情。

不過至此之後K就再也沒有看過那個女人了。

如果以台灣人的角度來看這則故事，十有八九會有一種「好心被雷劈」的感覺，但這種思考模式正是對於「該如何看鬼故事」有了既定印象，導致無法眞正好好享受其樂趣。

台灣受到中華圈文化影響深遠，一律認爲人鬼殊途、陰陽兩立，本就不該攪和在一起，偏偏忘記若是按照這種文化傳承習俗來看，當自己死了之後同樣也是化爲鬼魂這件事。

試想自己相當在乎的人替自己供養的花朵，突然被來路不明的人換上自己不喜歡的花，此時的你心裡又會做何感想？

「我的出發點是善意……」

是的，但對日本社會上來說，設身處地為了對方考量過的情況下做出的行為才能叫做善意，不然通常會稱之為「自以為是」。有趣的是，這兩者的平衡點日本人自己往往也都抓不太到，這裡只是爲了讓讀者們閒暇之餘反思看看，並非情緒勒索，還請各位不要太過在意。

可能會有其他讀者疑惑道，那麼路邊供養死者的花瓶、花束如同故事般枯萎了的話又該怎麼辦呢？

最簡單的應對就是不去理會。

畢竟在路邊放置花朵這種行爲在日本屬於違反「道路交通法七十七條第一項」中，在公眾道路上放置私人物品這項條例。可基於民間善良風俗的情況下予以默認供花的行爲，與此同時必須有地區居民、自治團體志工和巡邏警員輪流處理，以避免妨礙通行人的路權。

如果各位施主的善心實在忍不了，那麼可以選擇買「一朵」新鮮的花朵放置在旁即可。或許接著又會有人開始想問：

「那總可以念XX經迴向給往生者吧？」

不妨先再聽一則關於供養的怪談吧！

其二、抄讀經書

那天我帶著一位來自日本，喚作井田的男性觀光客在台北各處觀光，逛到某間有名的寺廟時，看到師兄師姐們正在位子上讀著佛經。

井田用近乎是嫌惡的表情看了一眼便馬上撇過頭，雖然只有一瞬間但我卻看得清清楚楚。

午餐時間抓到機會，我拐彎抹角地詢問對方是否對宗教有所排斥。

「讓您看到那副樣子，眞是失禮了。」

他先是對自己的行爲表示歉意，這才緩緩道來。

井田成爲社會新鮮人後便將重心轉往大城市，可因爲人生地不熟，所以也吃了不少苦頭。好在受到隔壁一對名叫松村的老夫婦的照顧和幫助，漸漸地井田的生活也慢慢步上軌道。

這樣敦親睦鄰的松村老夫婦，平時的興趣是抄讀經書。

井田對於首次聽聞的事情感到新鮮，一問之下才知道兩位培養這種興趣的契機。原來松村老夫婦在兒子到外縣市工作後，空閒的時間一下多出許多，便想著要發發善心、透過這樣的行爲誠心祈求周圍的人都能幸福，於是在其他鄰居的建議之下開始了讀抄經書。

藉著抄讀有名的經書累積功德，迴向眾生，聽起來是百利而無一害，於是兩人也就開始決定這麼做，並堅持了好一段時間。

井田一開始並沒有對此抱有任何想法，直到某次他無意間聽到兩人似乎打算透過讀抄經書的行爲去供養所謂的無主孤魂（日文稱作「無縁仏」，むえんぼとけ），內心下意識地擔心了起來。

不過轉頭思考，或許是自己不熟悉宗教活動才有這些無謂的擔心，加上從耳聞一陣子後更是會聽到隔壁松村夫婦宅邸傳來不少訪客的聲音，以交友圈平淡的松村夫婦來說算是非常稀奇，也不失爲一件好事，於是很快地井田便將此事拋諸腦後。

好一陣子之後，井田沒來由地開始有股違和感。

首先是原先一直和藹可親的松村夫婦總會在黃昏時刻一起到附近的超市買菜，卻不知從何時開始井田就沒有在超市遇過他們。

「會不會是兩人去長途旅行了？」

可回頭想來，因爲井田與松村老夫婦關係不錯，若對方出門遠行前都會與井田打聲招呼，以防萬一有什麼事情發生可藉此互相通知。這次這麼久未見兩人身影難免先入爲主認爲出遠門去，爲了應證自己的猜想他找了時間登門拜訪。

當他人到了松村宅前按下電鈴不久，便聽到屋內有人往玄關門靠近，當他透過玄關的薄霧窗看到人影靠近時，井田卻無法分辨屋內的人是誰。

「松村先生？松村先生？我是隔壁的井田，您還好嗎？」

玄關門前的人影並沒有任何反應，只是隔著門靜靜地與井田對峙著。於是他稍微遠離了門邊，掏出手機報警後就再度回到門前盯著門內的人。

可能因爲是首都圈的關係，警察到現場並沒有花上太多時間。而這段時間裡，門前的人影並沒有消失，因此形成警察、井田和門前的人周旋了好一段時間。最後礙於擔心松村夫婦，警察和其他公務人員遂用強硬的方式進了松村宅，可眼前的景象讓所有人啞口無言。

當門打開時，玄關及走廊並沒有什麼人影。

可相比起人影，眾人早已被貼得滿處都是的紙張給震驚到說不出話來。井田和警察湊過去一看，發現這些紙上寫的都是經書的內容，這時他才想起松村老夫婦好一陣子前說要供養無主孤魂的事情。

「喂，快叫救護車！」

在聽到屋內的警察這麼一喊，井田就知道不對了。雖然他想往屋內靠近去看是怎麼回事，可鑒於他本身是外人的關係，最終還是被警察請出松村宅。

事後他透過第三方間接得知，松村老夫婦在抄寫經書的當下，「同時」因爲心肌梗塞發作，兩人皆在維持持筆的姿勢之下倒在桌上過世。至於那道人影經過警方調查，怎麼也找不到相關的資訊，就像憑空消失一般。

井田除了惋惜之外，也不由得思考起幾件事：

①從松村宅傳來的訪客聲與玄關前的人影，真的是「人」嗎？

②開始感到有些異樣與松村老夫婦決定抄寫經書回向的時間點幾乎相去不遠。

③將抄下來的經書貼滿整個屋子又是爲了什麼？

統合以上三點，井田不由得起了一陣雞皮疙瘩，從此再也沒辦法正視抄讀經書這一件事了。

追記

可能有人會認為，第二則故事與第一則故事有何相干？這裡我倒是想請各位試想，路旁被供養鮮花的往生者有沒有可能是無親無故的呢？

根據日本厚生勞動省的人口統計調查資料（二〇一九）顯示，因故死亡的人數約為四萬，八十歲以上的人口就佔了兩萬初頭。接著我們再試著對比該資料中，獨身過世（俗稱：孤獨死）的人口數中，大概接近百分之二左右是因為車禍死亡。

也就是說按照這個比例算下來，光是高齡人口成為無主孤魂的機率就已相當之高，更遑論現在日本因家庭問題與家人脫離關係的年輕人口數日漸上漲，這都是讓人在死後成為無主孤魂的潛藏要因之一。

而在日本又有「不可對無主孤魂合掌（無縁仏に手を合わせてはいけない）」的民俗說法。認為無主孤魂長期因無人供養，當有人發善心合掌迴向便會為了多

獲取功德而附身在對方身上，間接造成人覺得身體不適、精神不集中等負面影響，甚至會出現不少如上述的怪談。

我甚至聽過好幾則從日本因為一個供養的動作行為被附身，最後直接跨海帶回台灣的故事。可若照著佛教（不管是台灣還是日本，又或者哪一宗哪一派）的說法，則是認為發善心的人皆有神佛庇佑，回向給孤魂野鬼只會是一種雙向的陰德。

至於各位相信哪種說法，說實在都是自己的選擇。這裡唯一可以奉勸大家的，就是——

「請勿用自身的價值觀去擅自解讀他國民俗文化。」

尤其這些民俗文化往往都在去日本觀光時出現在你的身邊了。

潛伏在日常的怪異

引言

在日本有所謂「水邊容易見到鬼」（幽霊は水場に出やすい）的民俗／俗信，主要是因為他們的異界觀裡有所謂「境界」的概念。一旦跨入不屬於自己的世界，就有可能會被帶往未知的領域，且不一定能夠回的來。

諸如以橋、河川、隧道或以鳥居為分界等等。

這個世界可能是《神隱少女》裡面八百萬神所居住之地，也有可能是我們中華圈信仰所認知的十八閻羅殿。

鑒於人需要水才能生存，因此對於水的敬畏又更加的多樣。在前述異界觀的概念之下，以前人對於「水面」可以投射出鏡像等自然界法則，恰好符合了「境界」

把世界一分表裡的概念。自此經過八百年逐漸現代化的今日，境界的範圍也從河川、井戶等等具體地點，慢慢演變成了「只要有水的地方都容易出現鬼」的民俗傳承。

而這些地方，就是各位的廁所和浴室。

乍聽之下很可笑，但這被運用到日式恐怖片裡永遠都是最有效果的。所以這個章節，就是透過日本怪談來窺伺日本人對於廁所、浴室的恐懼。

故事

其一、水流不過去的區域

某天下班時段，莉莎在路上買了幾罐啤酒，接著拖著滿身疲憊的身軀後筆直的朝自己租屋處的公寓走去。

正值盛夏的時節容易讓人滿頭大汗、全身黏膩，莉莎因此一心只想快點回家，把臉上的妝卸掉後浸泡在熱水裡，出來後擦上保濕、敷上面膜，並在冷氣房裡喝著冰涼的啤酒，把一整天積攢的壓力給釋放掉。

唯一讓她感到美中不足的是租屋處的浴室和廁所不是乾濕分離的。

可能是因爲在較偏僻的縣市出身的緣故，洗澡前會習慣先將地板簡單的用熱水沖濕，這樣冬天的時候也能把地板的溫度拉高，讓下一個人使用時不會感到腳底冰冷。

她到了大城市後也把這個習慣帶了過來，只是讓她好奇的是浴室總有一塊地方水流不過去……不對，說一塊區域似乎不太準確，應該說是兩個如五百元硬幣大小、且相隔一定距離的圓形區域。

莉莎抬頭一看，除了牆壁兩側的螺絲孔和止上方的通風扇之外什麼都沒有。

「也不是什麼了不起的大事。」

她歪了歪頭，早早的結束了盥洗，一個人在客廳享受著自己的優閒時光。

過了一年，就在莉莎的租約差不多要到期時，剛好物色到一間離公司近，且各方面也都符合自己要求的租屋處。於是她便毅然決然地把現在的合約給解掉，同時請自己的男友和女同事一同幫忙自己準備搬家事宜，當一切塵埃落定後，作爲謝禮便請了女同事吃飯。

飯局內酒過三巡，女同事忽然向莉莎說道：

「話說莉莎……妳住在那裡有沒有特別覺得……如何？」

「如何？啊，租金有點貴，離公司有距離之外都還好啦。」

「是嗎……？」

「妳想租嗎？我幫妳跟不動產的人說一聲？」

「那種地方，我不敢住。」

「那種地方？……這是什麼意思？」

「欸？莉莎妳不知道？」

女同事對於莉莎的不知情反而也很驚訝，遂將她所知道的事情說了出來。

莉莎所住的那間公寓其實一開始評價都不錯，尤其是以每間都是那種讓人感覺有條不紊的同一格局，深受很多單身上班族喜愛。可就在四年前就傳出有人自縊，具體是哪間房號不清楚，只耳聞浴室會有微小的改動。

當時女同事心想只要自己不去住就沒事，因此也只是當成聽八卦而已，不過在幫莉莎打掃浴室的時候她基本就確信了。

照著不動產的租屋簡介圖上面，牆壁兩側的螺絲孔本來有固定一根浴簾的桿子才對，但是莉莎的浴室卻有拆除過的痕跡。

正當以為是自己想多了的時候，又剛好看到地上那兩個五百元硬幣大小、水流不過去的區域剛好就在桿子的正下方。

「妳兩腳的大拇指，跟五百元硬幣……有一樣大嗎？」

答案不用多想，基本是肯定的。

事後兩人又去找了不動產仲介提問，畢竟莉莎當時在簽約時是沒有被告知這間是凶宅。只見仲介不慌不忙地拿出了上一位租客的契約與兩人解釋道：

「在您前一位的租客我們已經有確實傳達，對方承租一年過後表示並沒有任何問題，因此依造《宅第建物取引法》是不需要跟您告知的。您是在承租時有遇到什麼問題嗎？」

聽完仲介這種繞著彎的解釋，也算是間接證實自己的租屋處確實如猜測一般。但莉莎回頭一想，反正過了就都已經過了，事後再來追究也沒什麼用，不如就把這件事拋諸腦後。

於是兩人便離開不動產仲介的店面後，轉頭到便利商店買些點心零食和飲料，一同返回了莉莎的新租屋處。

其二、通話鍵

如果各位有去過日本觀光旅遊，應該或多或少會見過熱水器的面板。因日本的水電費比起台灣高出不只一節，依照地域計算方式不同，要是熱水器時常在加熱狀態會讓當月的費用飆得異常之高。因此在日本大部分的住宅都會有這樣子的熱水器面板，這樣子要用之前打開便會在短時間內將水燒開，不用的時候則會自動關閉。

一般日式住宅裡通常除了浴室之外還會在廚房加裝一個，畢竟日本的冬天與台灣相比當然是冷上許多，洗碗的時候多半也會使用熱水器將水預先加熱。

另外熱水器面板中兩個台灣較少見的機能，一個叫做「再加熱」（追いだき），也就是再把熱水打進浴缸裡一次讓水溫再次升高；另一個則是「通話」（呼び出し），按下之後可以連接上設在廚房的熱水器面板，主要目的是爲了防止有人在浴室跌倒受傷無人知，扼要來說就是緊急呼救鈴。

某天半夜，還是大學生的白川所居住的租屋處響起了急促的門鈴聲。

他圍著毛巾走了出來，腦中正疑惑著這三更半夜的是什麼人會來找自己，一邊把眼睛湊到門上的防盜貓眼，門外站的是同學年的Ａ。

他慌慌張張地不斷死掐著門鈴和猛烈地拍著門，像是有什麼人正追著他而來。

「讓我進去，拜託！」

滿頭霧水的白川開了門，瞬間只看到Ａ連滾帶爬的摔了進來，似乎是正在躲避著什麼。

白川回頭扣上門鎖後，轉頭拿了瓶啤酒遞給他，疑惑地問Ａ：

「怎麼回事啊你？」

Ａ一開始並沒多說什麼，待他自己情緒稍稍平穩下來，才用顫抖的手把拉環打開，啜了一口後開始緩緩跟白川這麼解釋起來。

「就在剛剛沖完身體泡在浴缸，打算用熱水器面板把水溫加熱補進來時，不小心按到了旁邊的通話鍵。」

他停下，倏地灌了一大口啤酒，繼續用微微發抖的聲音說道：

「結果被接起來就算了，還傳來一句女人的聲音回我說……『等一下，我馬上過去。』……」

據白川所知，A雖然與自己一樣都是一個人住，可他住的地方是晚上有警衛的那種還算不錯的公寓大樓。除非他有女友，不然以他的樓層是不太可能有外人入侵。

「正當我腦中還在疑惑是誰的聲音時，居然感覺到外面有人正緩慢的靠近浴室，而且還沒有腳步聲！」

A似乎很猶豫是否要出去查看，最後牙一咬，隨便抓起衣服穿上後便頭也不回地衝出家門直奔白川的住處。

「你有看到什麼女人之類的嗎？」

「誰知道啊……我連瞄都不敢瞄，唯一可以很確定的是我不但有鎖門，且有掛上防盜鍊的……明明自己一回家就沒再出門……」

結果這件事也討論不出任何頭緒，看著發抖的A，白川也無奈地只好讓他暫時住下。

翌日一早，A 睜眼後馬上給自己父母撥了電話，順便請警察一起到自己的租屋處查看。

白川沒有特別再去探聽 A 的狀況，只有後來聽說租屋處並沒有任何外人進入的跡象。不過，A 似乎並沒有選擇在那裡續住，反而辦理了退學手續和父母就這麼回了老家。

自此以後，白川就再也沒聽過 A 的消息了。

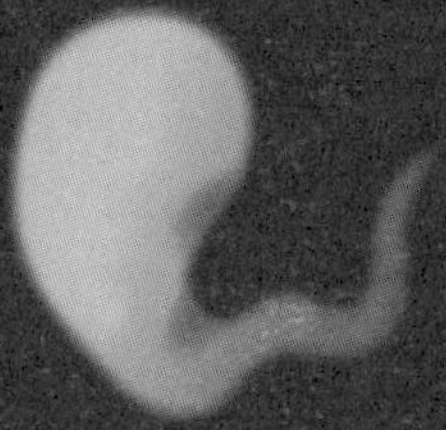

結語

每次在與人講完故事的時候，除了「可怕」、「恐怖」、「討厭」等等對筆者來說稱得上讚美一詞之外，多半還是會有人想問：「這些故事是眞的假的？」

通常我會回答「半眞半假」。

畢竟這種特殊經驗並不多，且也受當事者本身的宗教觀念、文化習俗所影響，哪怕提出科學方法確確實實地佐證爲自然現象，若當事者還是覺得是幽靈鬼怪作祟那也就只能尊重其想法；反之，硬是要用科學去說明無法解釋的現象，除了說法讓人難以信服之外，更會讓一些人過度篤信鬼神之說。

例如韓國的綜藝節目《深夜怪談會》中，身兼工程學博士和科幻小說家的郭在植在某些場合中的發言就是相當有理有據，反之來賓對於他的論述就嗤之以鼻（但也有相反的情況，例如在連續鏡頭拍攝下，無機物的人偶居然能夠拍出有如生物般的動作；而在沒有現場各項情報的狀況下，單單憑著「無感地震說」等科學去解釋又太過牽強）。

而筆者的書籍則是希望在兩者之間取其平衡，因此取名叫《日本恐怖實話》。

以日本的怪談業界來說，實話怪談最簡明的定義即是「**向一般大衆所取材到的不可思議故事**」，也就是說不管內容爲何，只要「**眞的有那個人、對方也眞的有體驗過**」，即能稱爲實話怪談。

除上述之外，這些故事通常需要經過四個步驟去凝煉出來，分別是：

①取材

②編輯

③文字化

④口頭演藝

礙於台灣並沒有實體的怪談會活動，因此停留在第三點。

對於筆者而言，取材的意義除了是要聆聽體驗者本人的故事之外，可能的話還必須要走訪當地去勘察環境。若無法，則要試著從故事的各種角度去探討體驗者的故事，要注意的是這並不代表「質疑」。

亦即是說，取材者本身需要根據故事裡面的細節，抽絲剝繭地去判斷何謂眞假，也同時代表一個故事後面需要的是大量時間去查閱、累積非日常會使用的知識量，最後才能統整出一個完整的結論。

至於這個結論是要信或者不信，就交給各位去評斷吧！

i生活 37
日本恐怖實話

作　　者　star227（直樹殿）　插　　圖　爛貨習作
封面設計　高郁雯　內文排版　裴情那
副總編輯　林獻瑞　責任編輯　周佳薇

出 版 者　好人出版 / 遠足文化事業股份有限公司
新北市新店區民權路 108 之 2 號 9 樓
電話 02-2218-1417　傳真 02-8667-1065
發　　行　遠足文化事業股份有限公司（讀書共和國出版集團）
新北市新店區民權路 108 之 2 號 9 樓
電話 02-2218-1417　傳真 02-8667-1065
電子信箱 service@bookrep.com.tw　網址 http://www.bookrep.com.tw
郵撥帳號 19504465 遠足文化事業股份有限公司
讀書共和國客服信箱：service@bookrep.com.tw
讀書共和國網路書店：www.bookrep.com.tw
團體訂購請洽業務部 (02) 2218-1417 分機 1124
法律顧問　華洋法律事務所　蘇文生律師
印　　製　博創印藝文化事業有限公司　電話 02-8221-5966

出版日期　2023 年 10 月 18 日初版一刷
初版七刷　2024 年 6 月 21 日
定　　價　400 元
ISBN　978-626-7279-47-2
ISBN　9786267279489（EPUB）
ISBN　9786267279496（PDF）

國家圖書館出版品預行編目資料

日本恐怖實話 /star227（直樹殿）作 . -- 初版 . -- 新北市：
遠足文化事業股份有限公司好人出版：遠足文化事業股份有限公司發行 , 2023.10
面；　公分 . --（i 生活 ; 37）
ISBN 978-626-7279-47-2（平裝）
1.CST: 民間故事 2.CST: 日本

539.531　　112015799